秋田大学教育文化学部附属小学校

授業改革への挑戦

国語編

新学習指導要領を見通したあたらしい提案

一莖書房

はじめに

阿部　昇
秋田大学教育文化学部附属小学校校長

　秋田大学教育文化学部附属小学校は、今年で創立136年目になります。
　その長い歴史の中でも、ここ数年は特に授業研究に対する「熱」が高まっています。2009年6月の公開研究協議会には、全国から500人を越える先生方においでいただき熱い論議を展開しました。その際の21人の先生方の授業はいずれも問題提起性の高い先進的なものでした。
　秋田大学教育文化学部の先生方との連携の強さも、附属小学校の授業研究の特長の一つです。公開研究協議会はもちろんですが、日常的に大学教員が附属小に出入りし共同研究が日々進められています。
　そういった授業研究の成果を具体的にまとめたものが、この『秋田大学教育文化学部附属小学校・授業改革への挑戦』(全4冊)です。

＊

　附属小学校では2009年から「かかわり合い」と「言語」を鍵として授業研究を展開してきました。
　「かかわり合い」は、話し合い・意見交換をはじめとする子ども相互の集団的な学び合いのことです。「かかわり合い」によって子どもたちは異質で多様な見方・考え方に触れることができます。また「かかわり合い」によってそれまで気付かなかった新しい見方・考え方を創造的に発見することもできます。OECDのPISA(生徒の学習到達度調査)や全国学力・学習状況調査の「B問題」では、新しい学力が要求されていますが、「かかわり合い」はそれらに対応する豊かな思考力・判断力・表現力を育てることに確かにつながります。
　2008年に告示された新学習指導要領では、「言語活動」が「総則」に位置付けられました。ただし、「言語」は「活動」だけでなく「言語に関する能力」という形でも「総則」に位置付けられています。「言語

を「活動」のみで捉えるのではなく、それを含みつつ「言語」という観点を教材研究や教科内容研究にも生かしていく必要があると考えます。

　「言語」という観点を明確にもつことによって、国語はもちろん、社会科でも算数でも理科・生活科でも音楽・図工でも家庭科でも体育でも、今までにない新しい教材研究が展開できるはずです。また、子どもたちに身に付けさせるべき教科内容の研究も、新しい側面を見せ始めます。社会認識・自然認識は、結局は「言語」によります。算数・数学的認識も数値を含む「言語」が鍵です。音楽・美術（図工）・体育などの芸術・身体活動でも、「内言」と「外言」とが深くかかわりながら感性・思考・自己認識を高めています。

　本書は、附属小学校の授業実践を具体的に示しながら、「かかわり合い」と「言語」を重視した新しい授業づくりの在り方を提案しています。「教材研究」「単元計画」「授業案」も提示しています。そして秋田大学教育文化学部の教員による授業解説が続きます。附属小学校が教科内容として解明してきた「資質・能力表」も位置付けました。

＊

　全国の附属学校園が「モデル校」「拠点校」としての役割を果たすべきことが最近求められています。秋田大学教育文化学部附属小学校では、「モデル校」「拠点校」として、この『授業改革への挑戦』全4冊を秋田県そして全国に発信します。この4冊による問題提起は、間違いなく日本の授業研究に一石を投じるものになると自負しています。

　本書の刊行のために現副校長の大島博子先生、前副校長の山岡正典先生に温かいご支援をいただきました。また、本書の刊行につながる公開研究協議会では、秋田県教育委員会及び総合教育センターの指導主事の先生方、秋田市の小中学校の先生方、秋田大学教育文化学部の先生方、そして豊田ひさき先生（中部大学）に丁寧なご指導をいただきました。この場を借りて諸先生方に感謝を申し上げます。

刊行に寄せて

豊田ひさき
(中部大学教授)

　待望の書『秋田大学教育文化学部附属小学校・授業改革への挑戦』が刊行される。しかも、国語、社会、算数、理科、音楽、図工、体育の7教科にわたって、低・中・高学年を網羅した4冊同時である。このこと自体、偉大な挑戦であり、まさに附属小学校の「力」を象徴している。

　わたしが秋田大学教育文化学部と本格的な関わりをもったのは、平成17年度の「大学・大学院における教員養成推進プログラム」に関する総括研究会で基調講演を依頼されてからである。学部・大学院での教員養成と現職教育を統合した大学教員、指導主事、附属・公立小中学校教員が協働する新しい教師教育システムが開発され、広くそのネットワークが張り巡らされている話を聞き感動を受けたことを今でも鮮明に覚えている。以来、わたしは、秋田県教委、附属中学校、そして附属小学校（2回）と毎年のごとく秋田に招かれ、その度に秋田大学の阿部昇教授が附属小の先生方を交えた研究会をもってくださった。阿部教授とお会いし、いつも話題になるのが、附属小学校の授業改革であった。

　秋田大学附属小学校の授業改革は、戦前の生活綴り方教育実践にまで遡る貴重な遺産の上に、長年にわたって営まれてきた。最近注目を浴びている学力日本一の秋田県公立小中学校との継続的な研究交流も大きな意味をもつ。このような稀有で豊かな「つぎ台」に、授業研究の第一人者である阿部昇校長と附属小の先生方が、「かかわり合い」と「言語」という二つの研究テーマを「つぎ穂」した。「かかわり合い」によって創りだされる主体的で豊かな学びを実現する「学習集団づくり」と、子どもも教師も「ことば」にこだわることでより深い追究が可能になるという考えに基づく「言語と核とした授業づくり」という先進的なテーマである。それが見事に実って出来上がったのが、本書4冊である。

附属小の授業改革は、「かかわり合い」と「言語」を二本柱に据え、どの教科においても、子どもたち自らが課題意識や問題意識をもって授業に臨める能力の定着・育成をめざしている。優れた「問い」を発見できること自体を一つの学力と捉えるこの思想は、かつてデューイが唱えた「問題の自己提起能力」を起源とし、最近の学力調査で世界的に注目されているいわゆるB型学力、さらには新学習指導要領で強調されている「習得・活用・探求」活動の統一とも深くかかわる。

　一人のつぶやきが、みんなでのつぶやきの聴き合いになり、一人のつまずきが、みんなでの課題解決のし合いになる授業。一人の問題発見がみんなでの問題解決に練り上げられていく授業。そんな授業を教師の鋭い教材解釈で展開していくのが、附属小の授業改革であり、このような授業改革に向かって教師集団が切磋琢磨し合っているのが、附属小の授業研究の特色である。

　「言語」を重視するということは、たとえば理科で事典を片手に自分の考えを述べ合う、算数で分数÷分数は割る側の分数の分子分母をひっくり返して掛けて答えを出す、という浅薄な理解で終わるような授業をよしとしないということである。その課題・問題の「わけ」を子どもたち全員を巻きこんだ集団的な学び合いによって追究していく。その過程で、「できる」ことと「分かる」ことが統一される。この授業法は、音楽、図工、体育の教科にも広がっていく。その有様が、この4冊にまとめられている。各冊では、そこでの事例を普遍化する説得力のあるコメントがタイムリーに打ち込まれており、読者は、あたかも自分が附属小の授業研究に参加しているような臨場感を味わうことができる。

　多くの学校やサークルで本書を読み合い、批評・吟味し合いながら、皆様方自身の授業改革運動を立ち上げていかれることを願う。本書4冊は、現職教員や教師をめざす学生に、きっと授業改革へ向けた新たな一歩を踏み出す勇気を与えてくれる、とわたしは確信している。

目　　次

はじめに ……………………………………………… 阿部　　昇　2
刊行に寄せて ………………………………………… 豊田ひさき　4

Ⅰ　附属小学校の授業研究 ……………………… 阿部　　昇　8
　　　　　　　　　　　　　　　　　　　　　　　　木谷　光男

Ⅱ　附属小学校の「国語」 ……………………… 熊谷　　尚　20

Ⅲ　国語の授業

1　「吟味よみ」でスッキリ解明！「動物の体」
　　── 5年生「動物の体」（増井光子）
　　　　　　　　　　　　　　　 …………………… 熊谷　　尚　29

2　新聞記事の秘密を解読する
　　── 5年生・新聞記事「GAOのあざらし『みずき』」
　　　　　　　　　　　　　　　 …………………… 湊　　弘一　70

3　描写から読み深める「やまなし」の世界
　　── 6年生「やまなし」（宮沢賢治）
　　　　　　　　　　　　　　　 …………………… 小室　真紀　113

〈秋田大学教員による授業解説〉
　「ことばの力」を豊かに確かに身に付けさせる
　３つの先進的実践
　　　　　　　　　　　　　………………阿部　　昇　150

　4　「詩とことば」のおもしろさを読み味わおう
　　　――４年生「春のうた」（草野心平）
　　　　　　　　　　　　　………………熊谷　　尚　164

〈秋田大学教員による授業解説〉
　ことばの教育としての詩の指導改革に踏み出した
　確かな一歩
　　　　　　　　　　　　　………………成田　雅樹　197

国語科の資質・能力表 …………………………………………… 205

Ⅰ 附属小学校の授業研究

1 「かかわり合い」と「言語」——二つの研究の重点

　附属小学校では、「かかわり合い」と「言語」という二つの研究の重点を設定し、研究を進めている。子ども一人一人の豊かな学びの姿を大切にするとともに、仲間とかかわり合いながら学ぶことを重視する。子ども一人一人の学びを変容させ豊かにするためには、かかわり合いが重要な意味をもつ。また、新しい学習指導要領「総則」に「言語活動」「言語に関する能力」が位置付けられたが、すべての教科で「言語」という観点を重視することで、新しい授業づくりが可能となると考えた。

2 課題意識・問題意識をもてる豊かな学び

　「かかわり合い」「言語」の前提として、子どもたちの課題意識・問題意識について、まず考えてみたい。

　豊かな学びを展開するためには、まずは子どもたちが自ら課題意識や問題意識をもち、自主的・自発的な学習をする指導が不可欠である。よりよい課題意識・問題意識をもつことができること自体が、学びでは重要な意味をもつ。優れた「問い」を発見できること自体が、一つの学力と言える。

　本校では、子どもたち自身が問題意識・課題意識をもつことができることを、重視している。

　子どもたちはうまく課題・問題を見付け出すことができないことがあ

るが、教師の助言や友達との対話の中で、少しずつ質の高い課題意識・問題意識をもつことができるようになる。教師は、子ども一人一人に課題意識や問題意識が生まれるよう、魅力ある教材を提示したり、あえて子どもが戸惑うような出来事を提示したり、子ども相互で対立している意見を意識的に取り上げ投げかけたりしていかなければならない。

　課題意識や問題意識をもったとしても、なかなか満足のいく成果が出ないことが少なくない。しかし、そのことがむしろ子どもたちを高める契機となる。子どもが立ち止まったり回り道をしたり引き返したりする試行錯誤の中で、子どもは新しい発見をし、新しい知識を獲得し、新しい認識の仕方を身に付ける。それが、この後述べる「かかわり合い」「言語」につながる。

3 「かかわり合い」が学びを創造的にする

(1)「かかわり合い」は学びをどのように高めるのか

　課題意識・問題意識をもつ際に、子ども相互の対話が意味をもつと述べたが、さらに課題追究過程でも、この対話・かかわり合い・学び合いが重要な意味をもつ。学びは個から始まるものの、個の学びだけでは限界がある。仲間との出会いが学びを深めてくれる。

　第1に、グループや学級全体で意見交換をすることで、課題に対する様々な見方に触れることができる。それだけでも、大きな価値がある。「こんな考え方もあるのか。」「なるほど、そういう見方をすると、よく分かる。」といった広がりである。

　第2に、意見交換によって、自分の理解・認識の優れた点、不十分な点が見えてくる。そして、理解・認識を深めていくことができる。自分では「分かった」つもりになっている子どもに、ある子どもが「この場合には当てはまらないのではないか」と問いかける。「分かった」つも

りになっていた子どもや、当然そうだろうと思っている子どもたちが、その子どもの問いかけによって、再び思考と判断を繰り返し、高まっていく。

　第3に、見方の対立がある場合は、それが契機となって自分にはなかった見方を獲得することができる。AかBか、白か黒か、それは一つの解釈として納得できるかできないか、などである。それをめぐって討論が展開され、ある時は意見の変容が生まれ、ある時はさらなる難しい課題が見えてくることがある。また、平行線が続き、とまどうこともある。しかし、そのとまどいから新たな発見が生まれてくる。

　第4に、意見交換、対話、討論をしながら学びを展開していく中で、それまで誰も考えていなかった新しい見方・考え方が生まれてくることもある。異質な見方があるからこそ生まれる創造的発見である。AとBが互いに考えを伝え合ったり、討論していく中で、互いの考えに広がりや深まりが見られるようになるだけでなく、それまで見えていなかったCという新たな見方・考えが生まれ出る。弁証法的な思考過程が生じていくのである。

　第5に、これらの追究過程で、見方・考えが広がり創造されるだけでなく、新たな知識・方法も身に付いてくる。「○○と○○を比べたことでよく分かった。」「どちらもよかったが、Aの考えの方が簡潔で分かりやすい。」「より分かりやすい説明の仕方が分かった。」また、新たな課題が見えてくることもある。「ここはよく分からなかった。次の課題としよう。」「そうだとすると、ここもなぜそうなるかを考えないといけなくなった。」それらの過程で子どもたちは、思考力・判断力・表現力を向上させていく。

(2)「かかわり合い」の指導のポイント
　創造的で豊かな「かかわり合い」は、質の高い教師の指導によって生

まれる。その指導のポイントについて述べたい。

　第1に、子どもが相互に意見を交換し、異質な意見を出し合いながら、かかわり合っていくことができるだけの、仲間意識、集団意識、信頼関係を育てていくことが重要である。その意味で、学級経営、学級集団指導が、かかわり合いの重要な基盤となる。

　第2に、子どもたちに仲間とともに追究してみたい、解決したい、と強く思うような課題意識・問題意識をもたせることである。そのために、教師は深く豊かな教材研究と子ども把握をしていく必要がある。教材研究が甘ければ、いくら「かかわり合い」の指導を周到に行っても、かかわり方に限界がくる。共同研究によって多面的な教材研究を展開していく必要がある。もちろん先行実践・先行研究との対話的研究も必須である。また、一方では子ども一人一人に寄り添い子どもを丁寧に見取り、その興味・関心、思考過程を多様に予測していく必要がある。

　子ども一人一人の学びの見取りを基に、かかわり合いの場を創造し、かかわり合いによって子ども一人一人の学びを豊かにしていくには、単に学習形態を工夫すればよい、かかわり合いの場を設定すればよいというわけではない。教材の本質を捉えた分析や、教材に対する子どもの学びの予想、子どもたちの問題意識の共有化、一人一人の学びをどのようにつなげていくのかなど、周到な準備がなくてはならない。

　第3に、到達点を明確に設定することである。展開されるかかわり合いによって、子どもの中にどのような新たな認識方法、ものの見方・考え方、知識などが身に付き創造されるのか。教科固有の内容を確かに捉え、到達点を明確に設定する必要がある。その上で、教師がどのような意図の基に、単元を構想し、学習過程を組み、何を取り上げ、かかわり合いの場を設定したのか、そして、それは子どもたちの学びを豊かにするために効果的であったのかなど、子どもの学びの事実を積み重ね、真摯に実践を見つめていく。そうすることで、かかわり合いの場における

教師の働きかけが明らかになり、子どもたちにとってのかかわり合いの場が意義あるものになる。

第4に、かかわり合いを、「個」⇔「グループ」⇔「学級全体」のダイナミズムの中で構造的に展開することである。この三つを重層的に繰り返しながら、子どもたち一人一人は、質の高い学力を身に付けていく。これは、歴史的に見れば、人間が新たな「知」を創造し発見する過程を追試している過程とも言える。それを、教師は限られた時間・空間の中で再現し、発展させていく必要がある。

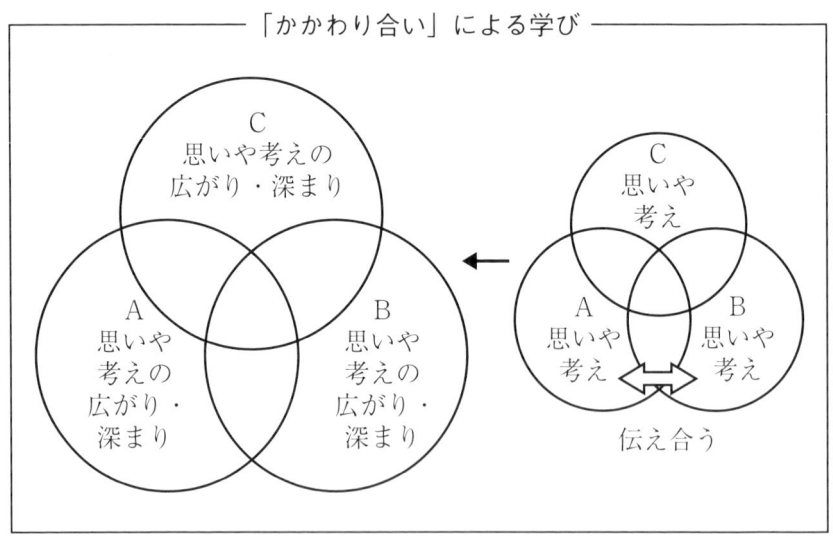

4 「言語」を核とした授業づくりの展開

(1) 教科指導において「言語」のもつ意味

　思考力・判断力・表現力を育む観点から、文章や資料を読んで自分の考えを論述する活動や、法則や意図などを解釈し説明する活動、実験や

観察の結果をまとめる活動、互いの考えを伝え合い学びを深める活動、体験から感じ取ったことや仲間から伝達されたことを表現するなどの言語活動の充実が必要とされている。しかし、言語活動において十分に配慮しなければならないことは、「活動あって学びなし」という活動主義に陥らないことである。

そこで本校では、教材研究段階から教科内容としての「言語」、教科内容の理解や獲得につなげるための「言語」を明らかにし、学習の中で着目していく。このことにより、言語活動も充実し、さらに学びが豊かになると考えている。

これまで「言語」に着目した学びを先取りした実践が本校では数多くあった。国語であれば、説明的文章において、説明したい事柄を分かりやすく読み手に伝えるための工夫を、「段落相互の関係」という言語に着目し、事柄の内容にふれて考え合うことで読み取った。また、物語文においては、様々なレトリック（修辞法）や構造上の仕掛けに着目し、子ども一人一人の解釈を出し合い確かめていくことで物語のおもしろさを読み味わった。算数であれば、たし算の学習において、「増加と合併」という言語に着目し、ブロックの操作を通してその違いを体験しながら、「かたてでがったい」、「りょうてでがったい」というように、子どもたちは、その発達段階に応じた言葉で理解した。音楽であれば、「短調から長調に変わる調性の変化」という言語に着目し、楽譜上の音符の動きに目を向けることで、曲想表現のコントラストが明確になり、演奏する活動を一段と楽しいものにしていった。

このように「言語」に着目した学びの充実を図ることで、言語活動やかかわり合いによる追究も深まり、子ども一人一人の学びが豊かになっていく。

(2)「言語」に着目した指導のポイント

　「言語」に着目した指導を行うためには、様々な配慮が必要である。

　第1に、授業計画段階において、教科内容の具体的把握につながっていくような言語という観点を重視した教材分析が必要となる。言語を意識することで、これまで見過ごしてきた教材の本質が浮かび上がってくる場合が少なくない。

　そして、目の前にいる子どもたちに、どのような言語で伝えていくのか、その結果、どのような反応が返ってくるのか、どのような反応を授業の軸とするのか、どうつなげていくのかを多様に予想し、確かにしておく必要がある。すなわち、教師の発する発問や語り、指導における言語など教師の働きかけを十分に検討しなけれなければならないのである。

　第2に、授業実施段階において、着目した言語を基にして、子どもたちの反応を繊細なアンテナでキャッチし、授業の軸を見い出していくことが重要である。そして、教科内容の理解や獲得につなげるために、子どもたちの発達に応じた言語を用いて働きかけていくのである。そして、子どもたち自身に個のレベルでもかかわり合いでも、言語を意識化させる必要がある。さらに、着目した言語を意識したふり返りの場面を設定することで、教科内容の理解や獲得をより実感させることにつながる。

(3)「言語」を重視した教科研究の在り方

　たとえば国語で「言語」の観点を重視するとはどういうことか。

　「魚の感覚」(末広恭雄)という小学校5年生の説明的文章教材がある。このタイトルは、普通であれば「さかなのかんかく」と読んでいいはずである。しかし、筆者はあえて「魚」に「うお」というルビをふっている。同じ漢字でも「さかな」と「うお」とでは、その意味に差異がある。「さかな」には「食べるものとしての、うお」、「うお」には「動物」などの説明がある。そして、「さかな」は主に食べるものとしての魚、「う

お」は生物としての魚、という意味で使われることが多いことが見えてくる。筆者は、この文章は食べ物としての魚について述べたものではなく、生物としての魚について述べたものであることを明示したいために、あえて「うお」とルビをふった可能性が高いことが予測される。文章の表現、仕掛け、構成・構造、差異性など、言語の在り方にこだわることで新しい国語の授業の可能性が見えてくる。

　これまでの社会科では言語の「表現」という観点での教科内容、教材研究等を追究するということは少なかった。たとえば歴史では、語彙選択と事実の取捨選択が重要な意味をもつ。「義和団の乱」が1899年から1900年にかけて中国で起こった。これは、歴史として異論を挟む余地がないかのように思える。しかし、「義和団の乱」という言語の表現そのものに、様々な課題が隠れている。それは「義和団運動」などという表現と比べてみれば一目瞭然である。その追究なしに、教材研究を行い教科内容を考えていくことで新しい社会科の授業の可能性が生まれる。

　理科では、実験・観察を行う。そしてその結果を言語化し、それに基づいて考察を行っていく。当たり前のことかもしれないが、実験・観察結果の言語化には表現と出来事に関する取捨選択の過程がある。しかし、これまでその要素は、十分に意識されていたとは言い難い。実験・観察のデータの取捨選択という観点を意識することで、理科の授業の新しい可能性が見えてくる。

　算数・数学でも、たとえば分数÷分数の計算は、若干の解説を教師がしただけで、要するに分数÷分数の場合は、割る側の分母と分子をひっくり返して掛ければいいのだ、ということで終わる場合が少なくなかった。これからは、その理由を面積図や数直線等を駆使しながら、言葉で周りの友達に分かりやすく説明することが求められるようになる。説明という言語行為を通して、子どもたちは、その算数・数学的な見方・考え方を学んでいく。この過程は、分数÷分数ができるようになるための

手段などではない。その過程そのものが、算数・数学の教科内容そのものと言える。

　音楽は、音の響きであるが、その音の響きを私たちが心地よいものと感じたり、心を揺さぶられたり、はっとしたりするのは、私たちがその音の響きと対話しながら、それを読んでいるからである。私たちは意識・無意識は別として「内言」によって音の響きを読んでいるのである。実際の教材研究や教科内容の確認、そして授業過程は、「内言」を「外言」として捉えながら進行する。学習指導要領中の「楽曲を聴いて想像したことや感じ取ったことを言葉で表す」という言語活動は、この内言の働きを外言化し、自ら意識したり、それを交流し合ったりすることで、より豊かな音楽的感性を身に付けていくのである。

　絵画も、また対話である。私たちは、絵画と対話しながら絵画形象を読んでいる。人物の表情や色彩、線の運び、全体の構成・構造等を、内言で読みながら、マチスの「ダンス」に楽しさを感じ、ロートレックの「ムーランルージュ」のシルエットと色彩に快感をもつ。学習指導要領中の「感じとったことや思ったことを話したり、友人と話し合ったりするなどして、表し方の変化、表現の意図などを捉えること」（図画工作）という言語活動も、内言の外言化という要素を含んでいる。

　音楽・美術のみならず、思考は内言によって展開されている。すべての教科について、外言としての言語の力が付いていくことで、内言としての言語力、つまり思考力・認識力が付いていく。

I 附属小学校の授業研究

「かかわり合い」と「言語」を核とした授業づくりのイメージ図

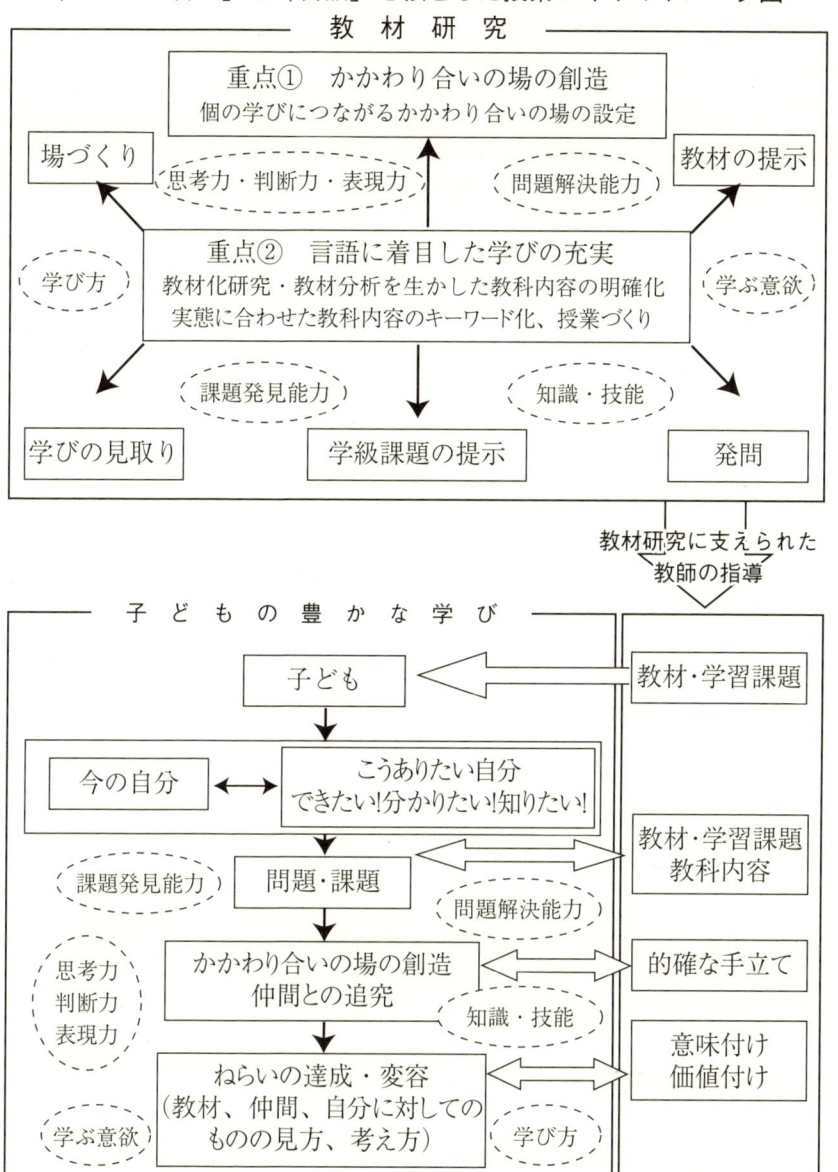

5　附属小学校の授業研究システム─「共同研究」という基本

　教師という仕事は、「専門職」（profession）である。「専門職」の要件としては、たとえば、特に社会的責任が大きいこと、高等教育による養成制度をもっていること、社会的に身分が保障されていること──などがある。そして、その中でも絶対に欠くことのできない「専門職」としての要件が、継続的な研究システムをもっているということである。
　本校では、堅実な継続的研究システムをもっている。本校の授業研究は、大きく三つから構成されている。①事前研究→②授業研究会→③事後研究──である。いずれも、教師集団による「共同研究」が基本となる。
　たとえば、授業研究会に向けて教科部などのチームに分かれて共同で研究を始める。教材選択・教材研究から、指導過程・単元案の策定、教科内容の具体化、発問・助言・評価案の計画作成、学習集団（学び合い）のための指導計画作成まで、綿密な事前研究を共同で行う。研究授業の前のプレ公開授業研究も、複数回行う。同学年の他の学級でのプレ授業、チームによる模擬授業などがそこには含まれる。そこには、秋田大学教育文化学部の教員、秋田県教育委員会の指導主事、秋田市の小学校教員にも、関わってもらう。さらに附属小学校の教師全員による全体研究会を何度も設定した。そこでも、厳しい相互検討が展開されている。手厚い事前研究が、授業研究の鍵と言える。
　研究授業当日は、「かかわり合い」「言語」等、観点を絞り、厳しい検討が展開される。公開研究協議会は、同時に複数の教科の検討が行われるため教科部ごとの検討となるが、オープン研修会などでは、教科を超えた多面的な厳しい検討が行われる。付箋を用いて、授業の優れた点、問題点・課題を具体的に書いて模造紙に貼る。それをカテゴライズして、

観点ごとに検討を展開するというワークショップ型の検討会を設定したこともあった。もちろんそこには、秋田大学教育文化学部の教員、秋田県教育委員会の指導主事、秋田市の小学校教員に関わってもらうことが多い。また、授業の録画映像を再生しながらの検討を試みたこともある。45分すべてを再生することは無理であるが、共同検討チームが事前に授業から5～10分程度の部分を切り取っておき、そこに限定して集中的な検討を行うのである。当日の授業研究は、事前研究が密度が濃いほど、充実することになる。

　事後研究は、チームごとに行われる場合が多いが、授業映像を再生しながら、秒単位の詳細で深いリフレクション（熟考・反省）を重ねていく。そのことで、当日の検討では気付かなかった授業の優位性、問題点・課題が、明確になってくる。

　公開研究協議会では、それらを収録した『研究紀要』を発刊するが、その執筆過程で実質的な事後研究が展開される。一人一人が原稿執筆する際、その原稿を教科部で検討する際、研究委員会が原稿を検討する際、それぞれの場面で一人一人の、そして共同の事後研究が展開されていると言える。

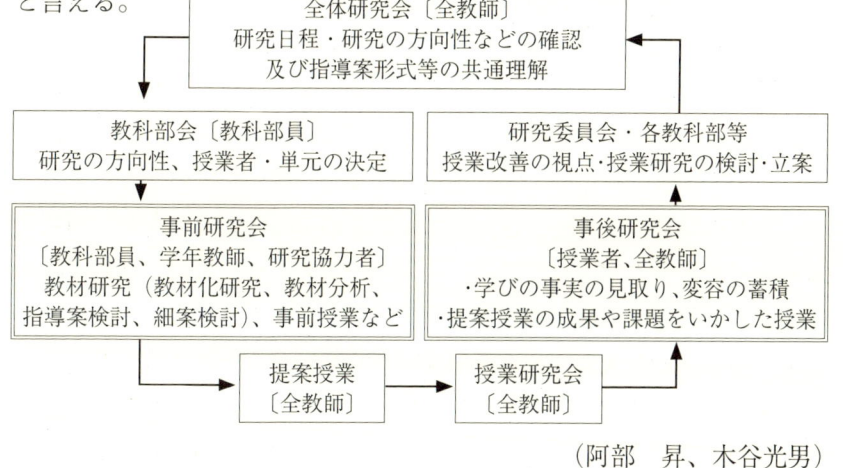

（阿部　昇、木谷光男）

Ⅱ　附属小学校の「国語」

1　国語科の研究テーマ

> ことばの力を鍛え、磨き、高め合う学び

　私たちは、ことばを媒介として周囲の様々な人々とかかわり合いながら生きている。そして、ことばのやりとりをしながら人間関係を築き、文化を享受・創造し社会を発展させている。ことばは、私たち人間の生きる営みそのものである。こうしたことばの役割を認識したとき、国語科において子どものことばの力を育成することの重要性を改めて自覚しなければならない。

　研究テーマの「ことばの力」とは、知識と経験、論理的思考、感性及び情緒等を基盤として、自らの考えを深め他者とコミュニケーションを行うために言語を運用するのに必要な能力（言語力）のことである。

　「鍛え」とは、様々な言語活動を工夫して、実生活に生きて働く主体的なことばの力の定着を図ることである。子どもは教師のことばや教科書に書かれたことばを受け身的に身に付け、覚えて使うことに慣れている。しかし、先達の知を鵜呑みにして受け入れる知の受容者の立場に甘んじていては新しいものは何も生み出せない。書かれていることは本当か、考えの筋道は妥当か、自分にとってその情報は必要かなど、問題意識をもった読みの態度を育てたい。文学においても、表現の効果を吟味したり作品を自分なりに批評したりする読み方があってよい。積極的な意味での批判的な読解力や思考力及び判断力、さらには、読み取ったことを生かして考えたことを目的や条件に応じて述べたり著したりする表現力を鍛えていきたい。これらの能力は、子ども自身の知の変革や新た

な知の発見・創造につながるものである。

　次に「磨き」とは、言語感覚や感性といったものと「話す・聞く」「書く」「読む」の能力とを合わせて、子どものことばを洗練させていくことである。それにはまず、「読むこと」や「聞くこと」の言語活動を充実したものにしなければならない。分かりやすく明快な表現、人柄のにじみ出た個性的な表現、さらに巧みな言いまわしや適切なことば遣いなど、優れた表現とできるだけ数多くしかもじっくりと出会わせることが大切である。読書活動をより充実させることも必要である。

　最後に「高め合う学び」とは、かかわり合いを重視した様々な言語活動において子ども自身が他に働きかけていく中で、今もっている能力を確かなものにしたり新しい能力を獲得したりしながら、相互に高め合っていく学習過程とその結果である。本校の研究主題にある「かかわり合い」を国語学習の中でも重視し、子ども同士のかかわり合いが生まれるような「話すこと・聞くこと」「書くこと」「読むこと」の様々な言語活動を設定する。そして、教材の本質に迫る教材分析、ねらいや付けたい力の明確化、子どもの実態把握、ねらいに迫る発問や手立て及び子どもの学びの見取りと評価など、子どもの学びを実のあるものにするための教師の指導・支援のあり方を追究していく。

2　授業づくりの重点

　研究テーマの具現化を図るため、国語部では、次の4つの視点を大切にして単元及び授業づくりを行っている。

(1) ねらいの明確化・具体化
　国語科でしか身に付けられない力とは何か。それは、ことばの仕組みや働きに気付き、それを自覚的に活用する力を育てることだろう。そこ

で、様々な言語活動を設定する際に、どんな言語能力を育てるのかを明確に、かつ具体的にする。そして、次の時間や別の単元の学習にも転移できる力として、さらには生活の様々な場面において生きて働く力としての確かな言語能力の育成をめざす。

　言語活動の重視が言われるようになり、現場では「話す・聞く」「書く」「読む」の様々な言語活動が創意工夫され、実践されている。しかし、次のような声が聞かれることがある。

　「子どもたちは確かに意欲的に生き生きと活動していた。しかし、この活動を通して、子どもたちにどんな国語の力が身に付けたのかが分からない。」

　このような問題が起きるのは、なぜか。それは、「初めに言語活動ありき」になってしまい、何のために言語活動を設定するのかが曖昧にされているからであろう。つまり、その言語活動を通してどんな国語の力を育てるのか、指導者の捉え方が不十分なのである。

```
5年生　説明文「動物の体」
単元の目標：文章の仕組みを考えて、書かれていることを読み取る
```

　これは、教師用指導書（東京書籍）より抜粋したものである。単元の目標は、非常に大まかな表現になっている。ねらいが漠然としていては、実際の授業でどんな手立てで、どんなふうに指導していったらいいか、綿密な授業の構想ができるはずがない。次に記すのは、本校の公開研究会での提案授業の単元の目標の例である。

```
5年生　説明文「動物の体」
単元名　第5年生「吟味よみ」でスッキリ解明！「動物の体」
単元の目標
```

> (1)『前文』『本文』『後文』の三部構成を明らかにし、それぞれの役割や位置付けを把握するとともに、文章全体を俯瞰し論理の方向性を見通すことができる。
> (2)『柱の段落』『柱の文』『柱の言葉』に着目し、段落相互・文相互・言葉相互の論理関係を分析的に読み取るとともに、構造分析や論理分析を総合し、文章全体の要旨を捉えることができる。
> (3) 語彙や表現・論理展開・例示などのよしあしや妥当性を吟味し、その文章の優れた点を評価したり、不十分な点・問題点を指摘したりすることができる。

　この単元の目標のキーワードである「文章の仕組み」とは何かを、教材の特質、子どもの実態、本校の子どもに身に付けさせたい資質・能力などの観点から見直し、より明確により具体的に捉え直して目標化したのである。ねらいの明確化・具体化とは、このように、多くの内容を含む大まかな文言を、指導者自身が「自分の言葉で分かるようにする」ことである。

　例えば文学作品の読解の授業では、ことばの仕組みや働きに気付き、それを自覚的に活用する力を育てることが重要である。物語であれば、「導入―発端―事件展開―山場―結末」といった構成を意識しながら作品を読むことで、それまで気付かなかった豊かな形象・技法が見えてくる。「クライマックス」「最高潮」に着目することで作品の事件展開の流れや主題が鮮やかに浮かび上がってくる。

　また、「反復法」、隠喩、直喩、換喩、声喩などの「比喩法」、さらには「倒置法」「体言止め」「対句」「対比」などの技法に着目することで、物語や詩の構造や仕掛けが生き生きと立ち上がってくる。

　1年生の今江祥智「ちからたろう」では、「お話の山」(山場)に着目させたり、「おとまねことば」(擬声語・擬態語)を発見させたりしな

がら、子どもたちに昔話のおもしろさを見いださせていった。4年生では、草野心平の「春のうた」(光村図書ほか)を、詩の音楽性、絵画性をはじめとする様々な技法を切り口としながら、楽しい話し合い・意見交換の授業が展開された。また、6年生「やまなし」(光村図書)では、隠喩表現、直喩表現、色彩語などに着目しながら、「五月」と「十二月」の対比性を読み解いていった。また、「語り手」に着目させることで、作品の主題に迫ることができた。

　このように、その単元や教材を通して子どもに身に付けさせるべき国語の力は何であるかを指導者がはっきりと捉えていることが、よりよい国語の授業づくりの第一歩であると考える。

　(詳しくは、本校で作成している「国語科資質・能力表」を参照されたい。)

(2) 教材の一語・一文に着目した学びの充実

　国語科は言うまでもなく「言語」を学ぶ教科である。言語そのものが学習の対象であり、言語能力を身に付けることが教科の目標である。従って、本校で研究の重点に掲げた「言語に着目する学びの充実」は、言ってみれば国語科では当然のことであり、今さらそれを重点に掲げることの意味については、国語部内でも小さな議論となった。国語科ならば、言語に着目する学びがなされるのは当たり前であろう。しかし、そこで立ち止まって自問自答してみてほしい。私たちは、本当に言語に着目した国語科の授業を行っているだろうか。

　例えば、「読むこと」の学習では、テキストの言語に着目することなしに、表面的で恣意的な読み取りになってしまってはいないだろうか。

　5年「新しい友達」(光村図書)で、主人公のひろに坂本君は、「新しい野中と思えばいいんじゃない。」と声をかける。「新しい野中」という言葉は、ひろの心にある変化をもたらすきっかけとなった。そして、ひ

ろの中でその言葉は「新しい友達」「新しいまりちゃん」と変化していく。これらの言葉の変化に着目することで、ひろのまりちゃんに対する心情の変化を読み取ることができる。

　このように、テキストの一語・一文によい意味でこだわること、言い替えれば、テキストに問題意識をもって向かい合うことのできる子どもたちにしていきたい。そして、「似ている表現や言い替えられている表現に着目することで、登場人物の心情を読み深めることができた」といった、確かな学びの実感を子どもたちがもてるようにしたい。「読みの方法」を学んだ子どもたちは、別の物語文でもこの方法を使って読みを深めようとするに違いない。そして、いずれは教師の指示や助言がなくとも、テキストの中から着目すべき部分や言葉を自力で見いだし、自分なりに作品の面白さを読み味わえるようになるだろう。

　このような子どもの姿をめざして、本校では従来から、テキストの一文・一語に着目して分析的に読み取ることと、分析的な読みを総合して文章全体を俯瞰的に読み取ることを往復させる読み方を授業の中で重要視してきた。今後もその姿勢を持ち続けることが「言語に着目する学びの充実」につながるものと考える。

　教師が教材のよさを十分に理解していれば、授業における子どもの気付きやつまづきに臨機応変に対応でき、学びの質を高めることにつながると考える。そこで、ねらいや付けたい力を踏まえて綿密に教材分析を行い、教材の本質に迫るように努める。

(3)「かかわり合い」の場づくりと指導の工夫

　国語科の授業がお互いの言語能力を磨き合い、高め合うことができる場となるように、「話す・聞く」「書く」「読む」の能力を駆使して子ども同士がかかわり合いながら学習することができる授業を展開する。そして、必然性があり、ねらいの達成に迫るかかわり合いとなるように、

課題設定、場の設定、教師のかかわり方などについて、綿密な手立てを講じていく。

子ども同士のかかわり合いを重視した「話すこと・聞くこと」「書くこと」「読むこと」の様々な言語活動そのものを、国語科における「かかわり合い」と捉える。そして、それらの言語活動が効果的に行われることによって、自らの考えを深め他者とのコミュニケーションを行うために必要な「話す・聞く」「書く」「読む」の能力が子ども一人一人に確実に身に付くことを、国語科における「豊かな学び」と捉える。

新学習指導要領の第３学年及び第４学年の「Ｃ読むこと」には、「物語や詩を読み、感想を述べ合うこと」という言語活動例が示されている。「述べ合う」という記述から、子ども同士が相互にかかわり合いながら活動することが求められていることは明らかである。このような言語活動を実際の授業で取り入れるとき、教師は様々な手立てを講じなければならない。

まずは、子ども同士がかかわり合って活動することが、子どもにとって必要感があり、必然性があるものでなければならない。そのためには、「友達に自分の感想を聞いてほしい。」「友達がどんな感想をもったか聞いてみたい。」といった、子どもの意欲を高めておくことが大切である。そして、単にお互いの感想を紹介し合うことに止まらず、新たな気付きが生まれたり、個々の読みに深まりや広がりが生まれたりするような交流にするために、子どもたちに共通の課題意識をもたせ、具体的な視点を与えて感想を交流させることが必要となる。さらに、実際のかかわり合いの場をどう設定するかである。

また、単元の、あるいは一時間の授業のどの場面で行うか。どういう学習課題をそれぞれに提示するか。全体でのかかわり合いとグループでのかかわり合い、そして一人一人の学習をどう組み合わせたらいいか。また、一人が全体の前で発表する形がよいのか、それとも、少人数のグ

ループを作り発表し合う形がよいのか。もし、グループでの話し合いを指導するとしたら、何回それを行ったらいいのか、話し合いの時間はどれくらいがよいのか、メンバーの構成をどうするか、活動時間はどれぐらいか、司会者はどのように決めるか、司会者への指導はどのように行うか、そしてそれらの過程で教師はどのような助言、机間指導等を行うことが必要かなど、考慮しなければならないことがたくさんある。

　例えば、3年生の「説明書」を書く学習では、伝えたい事柄を精選し目次を立てる段階で、グループ活動を取り入れた。「給食着のたたみ方」「ぞうきんの絞り方」「縄跳びの結び方」の3つの題材ごとに4人グループを作り、読み手の立場になってお互いの目次を読み合ったり、説明の順序に沿って実物を使って動作を確認し合ったりした。そして、お互いにアドバイスし合う際には、自他の意見を区別しながら目次の追加や変更ができるように、色の異なる付箋紙短冊を用意した。こうした、子どもの学習状況の予測やきめ細かい手立てが功を奏し、グループ活動は、子ども一人一人が自己の表現を見つめ直す場として有効に機能した。

　子ども同士がかかわり合う言語活動を取り入れた授業は、これまでも数多く実践してきた。しかし、そのかかわり合いは本当に有意義なものであっただろうか。かかわり合いの場を設けること自体が目的ではない。それによって子どもにどんな力を身に付けさせるのかが重要なのである。学習のねらいをしっかりと踏まえ、綿密な計画と準備をして、ねらいの達成に迫る手段として有効に機能し子どもの言語能力を高めることにつながる豊かなかかわり合いの場をつくり出すことに努めていきたい。

(4) 学びのふり返りの重視

　授業の終末で、子ども自身が学習のふり返りをする場面を意図的に設けるようにしている。それによって、その時間の学びをより明確に意識化することができる。また、成就感や達成感を味わうとともに、次の学

習への意欲を高めることにつながる。

　ふり返りの視点として、次の２点を重視したい。一つ目は「今日の学習でどんな国語の力が身に付いたか」である。例えば、「わらぐつの中の神様」の初めの場面の授業では、「わらぐつをはきたくないと思っているマサエの気持ちがよく分かった。」という内容面のふり返りだけでなく、「『丸めては』の助詞の働き、『ぎゅうぎゅう』のオノマトペの効果、「つめこみました」の複合動詞の意味などに目を付けたら、マサエの心情がより深く読み取ることができました。」というように、読み深めるための着眼点や方法に目を向けたふり返りをさせたい。この時間だけでなく、次の時間、あるいは別の単元の学習に転移させることのできる国語の力として、意識化できるようにしたい。

　二つ目は、「友達から学んだことはないか」である。「Ａさんの発言で自分の考えが変わった。」「Ｂさんの深い読み取りには驚いた。」など、相互の学びの認め合うことを通して、集団で学ぶことの楽しさや喜びに気付き、皆で知恵を出し合って新たな発見や創造をしていこうとする態度を育てていきたい。

（熊谷　尚）

Ⅲ　国語の授業
1　「吟味よみ」でスッキリ解明！「動物の体」
――5年生「動物の体」（増井光子）

熊谷　尚

1　この実践で提案したいこと

(1)「評価」「批評」は学習指導要領にどう位置付けられているか

　文部科学省は2005年の「読解力向上に関する指導資料」の中で次のような見解を述べている。

　読む力を高めるためには、テキストを肯定的に捉えて理解する（「情報の取り出し」）だけでなく、テキストの内容や筆者の意図などを解釈することが必要である。さらに、そのテキストについて、内容、形式や表現、信頼性や客観性、引用や数値の正確性、論理的な思考の確かさなどを理解・評価したり、自分の知識や経験と関連づけて建設的に批判したりするような読み（クリティカル・リーディング）を充実することも大切である。[1]

　「評価」「批判」などの文言は、いわゆるPISA「読解力」を意識したものであることは明らかである。このような考え方を背景に改訂されたこの度の学習指導要領の小学校の第5学年及び第6学年「C　読むこと」では、次のような改訂がなされた。

(旧) イ　目的や意図などに応じて、文章の内容を的確に押さえながら要旨を捉えること。
(新) ウ　目的に応じて、文章の内容を的確に押さえて要旨を捉えたり、

事実と感想、意見などとの関係を押さえ、自分の考えを明確にしながら読んだりすること。(下線は筆者)

そして、同解説には、次のような記述が見られる。

「事実と感想、意見などとの関係を押さえ、自分の考えを明確にしながら読んだりする」とは、筆者が、どのような事実を事例として挙げ理由や根拠としているか、また、どのような感想や意見、判断や主張などを行い、自分の考えを論証したり読み手を説得したりしようとするのかなどについて、筆者の意図や思考を想定しながら文章全体の構成を把握し、自分の考えを明確にしていくことである。[2]

「評価」「批評」という文言こそないものの、筆者の意見に対して自分の立場を明らかにし、自分なりの考えをもつことができる主体的な読み手を育てることをめざしていることははっきりと読み取れる。新しい中学校学習指導要領では、「評価」「批評」重視の方向性がより明確に読み取れる。「C　読むこと」の指導事項から関連する部分を拾ってみる。

第1学年
　エ　文章の構成や展開、表現の特徴について、自分の考えをもつこと。
第2学年
　ウ　文章の構成や展開、表現の仕方について、根拠を明確にして自分の考えをまとめること。
　エ　文章に表れているものの見方や考え方について、知識や体験と関連付けて自分の考えをもつこと。
第3学年
　ウ　文章を読み比べるなどして、構成や展開、表現の仕方について評

価すること。
　エ　文章を読んで人間、社会、自然などについて考え、自分の意見をもつこと。
　　　　　　　　　　　　　　　　　　　　　　　（下線は筆者）

　このように見てくると、新しい学習指導要領には、小学校から中学校にかけて、段階的に文章を「評価」したり「批評」したりする読み方の指導事項が明確に位置付けられたことが分かる。そして小学校の高学年は、「評価」や「批評」を重視した読み方指導の導入段階の時期に当たると見ることができよう。

(2)　文章を吟味して批評する力を鍛える
　情報を鵜呑みにせず、その真偽や確度を批判的に捉えようとする態度は、様々な情報が氾濫する社会を生き抜く上でぜひとも必要なものである。国語科においても、文章を受動的に読んで内容を理解することにとどまらず、その内容や論理性を吟味して批評するといった主体的な学習活動を設け、実生活に生きて働く言語能力の育成に取り組んでいきたい。小学校の高学年の段階で、説明的文章の読み取りを通して文章を吟味して批評する読みの基礎的な力をいかに鍛えるか。本実践は、その指導方法の一提案である。
　阿部昇は『文章吟味力を鍛える―教科書・メディア・総合の吟味―』（2003年）の中で、小学校・中学校・高等学校の国語科の授業で、さらには社会科・理科・総合などの多くの授業で、子どもたちに学ばせたい26の吟味の方法を提案している。[3]
　本実践ではそれを参考にして、文章を吟味する学習の導入段階にある小学校の高学年の子どもたちにぜひとも指導したいものを絞り込み、小学生にも分かる言葉に置き換えて「吟味の観点」として提示する。

①言葉や表現にあいまいさはないか
【例文】　a　海外旅行にいったおじさんから、一粒100円もする高価なチョコレートをもらった。
　　　　　b　こんな貴重なチョコレートは今まで食べたことがない。
　人によって価値観が違うので、一粒100円が高価とは言い切れない。また、「高価」と「貴重」は意味が全く違うのに、安易に言い換えている。このように、使われている語彙・表現が妥当かを吟味する。

②ほかの可能性を無視していないか
【例文】　a　五年三組では今日、欠席者が昨日よりも五人増えました。
　　　　　b　かぜの流行が広がっているからです。
　かぜ以外の理由で欠席したかもしれないのに、かぜの流行を欠席者増加の原因に決めつけている。このように、見落とされた要件はないか、因果関係に問題はないかなどを吟味する。

③示された例は適切か
　説明的文章では、筆者の主張を裏付けるために事例が提示されることが多いが、その事例が妥当性・典型性・具体性のあるふさわしいものかどうかを吟味する。

④二つ以上の意味に解釈できて誤解を生じないか
【例文】　金田一刑事は血まみれになって逃げ出した犯人を追いかけた。
　血まみれになっているのが金田一刑事なのか犯人なのか、はっきりしない。
　このように、捉え方によって解釈が食い違うところはないか吟味する。

　このような「吟味の観点」を示し、練習教材を用いて吟味の技能・技術を習得する学習を主教材の読み取りの学習と並行する形で行う。練習教材は、【例文】に挙げたような短い文章から3段落構成の400字程度の文章まで、次第にステップアップしていけるように用意しておく。そ

こで身に付けた具体的な「読みの方法」を活用しながら、主教材を吟味する学習を展開することにより、文章を吟味し批評する力の基礎・基本を鍛えることをめざしている。

(2) 学び合いを生かして文章吟味の質を高める

　子ども一人一人が問題意識をもって文章の吟味をした後に、グループや学級全体で考えを述べ合い討論することを通して、吟味の質を高めていくことが大切である。

　文章の吟味は子どもたちにとって決してやさしい課題ではない。自分一人の力で追究することに困難を感じる子どももいるだろう。そのとき、仲間との「学び合い」が必要となってくる。仲間に自分の考えを伝え、仲間の考えを聞き、お互いの考えを練り合わせる中で、子ども一人一人の思考は徐々に高まっていくのである。

　授業の中に学び合いの場を設定することは、子どもたちの学習に対する主体性・意欲を引き出す。そして、様々な見方・感じ方・考え方に触れることで、一人一人の思考の広がりや深まりが期待される。さらに、自分一人では気付くことができなかった新しい見方・感じ方・考え方を発見したり創造したりすることができる。

　そのような質の高い学び合いを保障するためには、教師のきめ細かい計画や準備、的確な指導が不可欠である。例えば、少人数の話し合い活動を設定するとしたら、「授業のどの場面で設定するか」「何人グループにするか」「課題はどうするか」「どのくらいの時間を与えるか」など、事前にしっかりと検討しておかなければならない。また、各グループに対して教師がどう関わるかも重要である。話し合いの様子をその場で把握して適切な指示や助言を与えることができるように、周到な教材研究をしておかなければならない。

　ねらいの達成に向かって必然性があり、子どもにとって必要感のある

学び合いでなければ意味がない。"活動あって学びなし"とならないよう、十分に配慮すべきである。

実際の授業の中でどのような学び合いがなされたかについては、授業記録にくわしく記載したので、参照していただきたい。

2 教材紹介と教材研究

(1) 文章構造

教材の「動物の体」(東京書籍5年上)(本文は66頁～69頁を参照)は、動物の体と気候との関係や、環境に適応するための体内の仕組みなどについて、子どもたちが疑問や驚きをもって読み進められるように書かれている。説明的文章の典型構成と言える「序論」「本論」「結論」の三部構成を取っており、6つのまとまり(意味段落)の多くが、初めの段落で概要を示し、次いでその理由や具体例を述べていくという明確で分かりやすい書き方になっている。

「動物の体」の文章構造

		段落	〈小見出し〉【キーセンテンス】
前文		1	〈話題提示〉【②そのような所にも、いろいろな動物たちが、それぞれの環境に適応しながら生きている。】
本文	Ⅰ	2～6	〈動物の体形と気候〉【2-②いっぱんに、寒い地方にすんでいるもののほうが、あたたかい地方にすんでいるものに比べて、体がまるっこく、耳とか手足とか体の出っ張り部分が少ないという傾向がみとめられることである。】

本文	Ⅱ	7〜9	〈動物の体格と気候〉 【7-①また、寒い地方にすむ動物は、同じ種類の中ではあたたかい地方にすむものに比べて体格が大きいといわれている。】
	Ⅲ	10〜13	〈動物の毛皮と気候〉 【10-①寒冷地にすむ動物は、防寒用のすぐれた毛皮を身に着けている。】
	Ⅳ	14〜21	〈動物の体の仕組みと環境〉 【14-②体の中の仕組みも、それがすんでいる環境に適応している。】
後文		22	〈まとめ〉 【22-②動物たちの体は、それぞれに、すんでいる風土や環境に合うようにできているのである。】

(2) 文章吟味
①評価できる点
a 明快な話題提示
　題名「動物の体」と第1段落②文「いろいろな動物たちが、それぞれの環境に適応しながら生きている。」があいまって、これから述べようとする話題が読み手にとって分かりやすく示されている。それによって読み手は、この文章の方向性を容易に把握することができる。
b 「本文」における分かりやすい述べ方
　四つの本文は、個々によって多少の違いはあるものの、それぞれのはじめの段落において、ある環境にすむ動物の特徴が示され、次いで、その特徴がなぜ都合がよいのか、なぜ役立つのかといった理由がきちんと説明されている。そして、具体例に基づく詳しく説明へと進んでいく。読み手である小学生にも内容を捉えやすいように、首尾一貫した述べ方

を取っている点は大いに評価されるものである。
c　子どもの興味をひく例示
　この文章は、動物学の専門的な知識を子どもに説明しようとしたものであるが、それは決してやさしい内容ではない。しかし具体的な例示で難しさを補い、小学生の子どもたちが興味をもって読み進められる文章となっている。
　ヒトコブラクダの例では、「背中のこぶに脂肪を蓄えている」と言った定説をあえて取るに足りないこととし、「一度に九十リットルぐらいの水を十分ぐらいの短時間で飲む」などといった子どもたちにとって驚愕に値する情報を提示するなどして、読み手の興味・関心を大いにかき立てる工夫がなされている。
②不十分な点や問題点
　「動物の体」は、これまで述べたように優れた点の多い文章である。しかしその一方で、専門的な知識を子どもにも分かるように説明しようとする余りに、用語の使用に微妙な揺れが生じていたり、やや妥当性に欠ける例示をしてしまったりしていると思われる箇所が少なからず見受けられる。
　では、本文Ⅰ及びⅡ（第2段落〜第9段落）を中心に、文章の問題点や不十分な点について述べてみたい。
a　言葉の使用の曖昧さ
　第2段落②文
　　「いっぱんに、寒い地方にすんでいるもののほうが、あたたかい地方にすんでいるものに比べて、体がまるっこく……」
　第4段落①文
　　「実際に、寒い地方にすむホッキョクギツネは……」

第5段落①
「逆に、暑い砂漠にすむ小さなイヌ科動物のフェネックは……」

　はじめは、寒い―暖かいを対比させていたのに、後になって寒い―暑いの対比になっている。「暖かい」と「暑い」は類義語であり、この言い換えは許容の範囲かもしれない。しかし、『例解小学国語辞典』では、「暖かい」の対義語は「涼しい」、「寒い」の対義語は「暑い」となっている。子どもに変な誤解を与えないためにも、第2段落②文の「あたたかい地方」を「暑い地方」と改めた方が、よりすっきりするのではないだろうか。

　　第2段落①文　「……寒い地方にすんでるもののほうが、……」
　　第3段落①文　「寒い所で体温を一定に保っていくためには……」
　　　　　　④文　「……寒い地方で生きていくために……」
　　第4段落①文　「実際に、寒い地方にすむホッキョクギツネは……」
　　第6段落①文　「……ゾウはかなり寒い所でも飼えるが……」
　　　　　　③文　「……どう見ても寒地向きの体形ではない。」
　　第7段落①文　「また、寒い地方にすむ動物は……」
　　第9段落③文　「……熱量の必要な寒地の生活に適しているわけである。」

　このように見てくると、「寒い地方」と同じような意味で使われている言葉が、「寒い所」「寒地」というように、その所々で言い換えられていることが分かる。子どもたちはこれまでの様々な国語の学習の中で、「繰り返し出てくる言葉」や「似ているけれど少し違う言葉」に着目することが文章をより詳細に読み取ることにつながるという経験をして生きているので、この文章でも、上記のような言葉の微妙な違いに目を向けることが予想される。この文章における右のような言い換えは、妥当ではないと言うつもりはない。むしろ、筆者は、その時々によって言葉を厳密に使い分けているように思う。もし、子どもたちが言葉の言い換えを指摘したとしたら、辞典を活用しながら言葉の意味を確認し、「ど

うしてここは「寒い所」なのか」「どうしてここは「寒冷地」なのか」と言ったように、その言葉を選択して使った意図を考えるように促し、言葉を吟味して選択し使っていこうとする意識の高揚を図りたい。

b 「まるっこい」という概念の曖昧さ

　この文章には、寒い地方の動物の体がまるっこいという説明が何回か繰り返されているが、この「まるっこい」とはどういうことかがやや曖昧で分かりにくい。

　第2段落②文

　　「いっぱんに、寒い地方にすんでいるもののほうが、あたたかい地方にすんでいるものに比べて、<u>体がまるっこく</u>、耳とか手足とかの<u>体の出っ張り部分が少ない</u>というけい向がみとめられることである。」

　ここでは、「体がまるっこい」ことと「出っ張り部分が少ない」ことの二点が寒い地方にすむ動物の体の形の特徴として挙げられている。

　第3段落②文

　　「同じ体積の体であっても、<u>体の出っ張り部分が少なく</u>、<u>体形が球に近い</u>ほど体の表面積は小さくなる。」

　第2段落とのつながりで考えると、この文の「体形が球に近い」は、「体がまるっこく」とほぼ同じ意味なのだろうと読み取れる。しかし、次の文を読むと、それが疑わしくなってくる。

　第3段落④文

　　「<u>体がまるっこいのは、寒い地方で生きていくのに、たいへん都合がよいことなのである。</u>」

　この文からすると、筆者は「体がまるっこい」で、出っ張り部分が少ないことと体形が球に近いことの二点をまとめて表そうとしているように読み取れる。つまり、「体がまるっこい」の概念は、次の2つの捉え方ができて曖昧なのである。

　　ア　「体形が球形に近い」と同意の概念で「出っ張り部分が少ない」

と並列の概念
　イ　出っ張り部分が少ないことと体形が球形に近いことの二点を総括した概念

c　ホッキョクギツネとフェネックの耳の大きさの例示は適切か

　「体がまるっこい」の概念の吟味とのつながりで見ていくと、ホッキョクギツネとフェネックの耳の大きさの例示が果たして適切か、疑問が生じてくる。

　もし、「体がまるっこい」が先に挙げたアの概念だとしたら、「体形が球形に近い」ことの例として、耳という体の出っ張り部分に関する大小を比較した例を示すことは、適切ではない。イの概念だとしても、出っ張り部分についての特徴は満たすが、「体形が球形に近い」ことの特徴は、ホッキョクギツネもフェネックも共に満たしているとは言いにくく、やはり適切な例とは言えない。

d　ゾウとキリンの例示は適切か

　筆者は、寒い地方にすむ動物は体がまるっこく出っ張り部分が少ないと述べ、第6段落でゾウとキリンの例示をしている。

　　第6段落
　　　①「動物関係者の間で、<u>ゾウはかなり寒い所でも飼えるが、キリンはむずかしい</u>ということがいわれる。」
　　　②「それは<u>経験から出た言葉</u>であるが、先に述べたことと無関係ではない。」
　　　③「ゾウの体つきは、どちらかといえば球形に近いし、キリンは足や首が長く、どう見ても寒地向きの体形ではない。」

　まず、寒い地方の動物の体がまるっこいことを述べるための例として、なぜ、ゾウとキリンを挙げるのか。よく知られている通り、ゾウもキリンも元々は暑い地方にすむ動物である。アフリカゾウはサハラ砂漠以南の開けた森林やサバンナに、アジアゾウは熱帯アジアの森林や草原

に、マルミミゾウは西アフリカとアフリカ中央部の森林にそれぞれ生息している。ゾウの体が球形に近いのは、寒い気候に適応するためのものではないことは明白である。ゾウがいくら「寒い所でも飼える」とは言え、それは人工的に環境を整えた動物園などのような施設でのことであり、野生の状態で寒い地方に「すむ」ことができるかと言えば、かなり疑わしい。もっと言えば、キリンにしても、冬季間はかなりの寒さとなる東北地方や北海道地方の動物園でも飼育している事実がある。「ゾウはかなり寒い所でも飼えるが、キリンはむずかしい」という動物関係者の「経験から出た言葉」の信憑性も疑わしい。

　また、ゾウの体つきがそもそも寒い地方にすむ動物の体の形の特徴に当てはまるのか。確かに、キリンに比べて体つきはどちらかといえば球形に近いと言える。しかし、ゾウと言えば長い鼻と大きな耳がその特徴である。そのことは、「体の出っ張り部分が少ない」という寒い地方にすむ動物の体の形の特徴に明らかに矛盾する。耳について言えば、キリンはその体の大きさに比して耳はとても小さい。ホッキョクギツネの例では、耳が小さい方が都合がよいとあったが、その点から言えばキリンの方がゾウよりも寒い地方の動物の体の形に近いではないか。

　このように、第6段落のゾウとキリンの例示は矛盾が多く、適切さを大きく欠いている。そこで考えなければならないことは、筆者がなぜここでゾウとキリンの例示をしたのかということである。実際に寒い地方にすむ動物の例を探してきて紹介することもできたはずである。しかし、もしそういった例があったとしても、それは子どもたちが知らない動物である可能性が高い。ホッキョクギツネとフェネックにしても、子どもたちにとってはなじみの薄い動物である。めずらしい動物の例だけでなく、子どもたちがだれでも知っている身近な動物を例にして説明した方がより分かりやすいのではないか。筆者はそう考えて、ゾウとキリンの例示をしたのかもしれない。

3 単元計画

(1) 単元名
5年生「吟味よみ」でスッキリ解明！「動物の体」

(2) 単元の目標
① 『前文』『本文』『後文』の三部構成を明らかにし、それぞれの役割や位置付けを把握するとともに、文章全体を俯瞰し論理の方向性を見通すことができる。
② 『柱の段落』『柱の文』『柱の言葉』に着目し、段落相互・文相互・言葉相互の論理関係を分析的に読み取るとともに、構造分析や論理分析を総合し、文章全体の要旨を捉えることができる。
③ 語彙や表現・論理展開・例示などの適否や妥当性を吟味し、その文章の優れた点を評価したり、不十分な点・問題点を指摘したりすることができる。

(3) 単元を構想するに当たって
　文章を吟味して読む学習をあまり経験していない子どもたちでも、本単元の目標に向かって無理なく学習を進めていくことができるように、段階を踏んだ指導過程を設定する。具体的には、次の3段階の指導過程を設定する。
　はじめは、文章の全体構造を捉える段階である。これを『構造よみ』と呼ぶ。説明的文章の典型構造である三部構成を『前文』『本文』『後文』と名付け、それぞれの役割を指標にしながら文章全体をいくつかのまとまりに分けていく。それによって、「この文章で筆者が述べようとしていることは何か」を論理の展開にしたがって大づかみに捉えること

ができるようにする。

　次は、文章の論理関係を捉える段階である。これを『論理よみ』と呼ぶ。まず、段落相互・文相互の部分的な論理関係をつかむ。それをつなげて文章全体の論理関係をつかみ、要旨を捉えることにつなげていく。

　最後は、文章を吟味し批評する段階である。これを『吟味よみ』と呼ぶ。『吟味』とは、「そのまま受け入れて良いかどうか念入りに調べること」である。そして『批評』とは、「物事の良い点・悪い点などを取り上げて、そのものの価値を論じること」である。(いずれも『新明解国語辞典』第六版による。)批評には、文章を正当に評価することと、文章を鋭く批判することの両面が含まれる。すなわち、文章の優れた点を評価することと、文章の不十分な点や問題点を指摘することである。

　まずは、『構造よみ』『論理よみ』で見てきた文章構成・論理展開の明解さや、読者に興味・関心をもたせるための表現の仕掛け・工夫などの優れた点を評価し、自らが文章を書く際にも応用していけるように意識付けを図る。さらに、いくつかの具体的な観点を『吟味の方法』として示し、文章の不十分な点や問題点に気付くことができるようにする。授業では、子ども一人一人の考えを大切にしながら、学級全体で討論し合いながら結論を見いだしていくような展開を心がける。個人で考える・グループで話し合う・学級全体で練り合うという３つの学習過程を組み合わせながら、子どもどうしがかかわり合いの中で学びを共有化できるようにしていく。

　なお、本単元の学習と並行する形で自作の練習教材を用いて具体的な「読みの方法」(吟味の観点や技能・技術)を習得する学習を行い、そこで学んだことを生かしながら主教材を吟味する学習へと展開していく。

(4) 単元の構想（総時数12時間）

時	学習活動	教師の主な指導
1	① 全文を読んでの感想を紹介し合う。分からない語句の意味を調べる。	●教材文の内容に興味・関心をもつことができるように、写真などの補助的な資料を提示する。
	【学習課題】"吟味の目"で「動物の体」を読み、構成や表現・述べられている内容をスッキリ解明しよう。	
2	② 文章全体を俯瞰して『前文』『本文』『後文』の三部構成を捉える。	●単元の目標を意識して学習を進めることができるように、学習のキーワードである「吟味」とはどういうことか、全員で共通理解を図る場を設ける。
3 4	③ 『本文』を4つのまとまりに分け、それぞれに小見出しをつける。	●段落のまとまりを捉えることができるように、『前文』『本文』『後文』の役割を指標として示すとともに、『本文』の内容は、体の外部に関することと体の内部に関することに大きく分けることができることを示唆する。
5 6	④ 『構造よみ』で捉えたそれぞれのまとまりにおける『柱の段落』『柱の文』を手がかりにして、要約文	●効率的に論理関係を捉えることができるように、建物の骨格である柱に喩え、それがないと文章が成立しないという部分を『柱の段落』『柱の文』と呼び、それを見付ける

7	を作る。 ⑤ 要約文を基に、文章の要旨をまとめる。	ように助言する。 ●文章全体の論理関係を捉えやすくするために、簡単な文図で表す活動を取り入れる。
8 9 10 (本時)	⑥ 文章の優れた点を評価する。	●文章を吟味することに慣れるために、短い例文を使った練習問題を解く時間を設け、『吟味の方法』を実感してから教材文の吟味に入るようにする。
11	⑦ 『吟味の方法』を使って文章を吟味しながら読み、不十分な点や問題点を指摘する。そして、より論理的な文章にするにはどうしたらいいか考える。	●全員が討論に参加できるように、吟味する範囲を限定して示したり、個人やグループで考える段階を踏んでから全体で練り合う場を設けたりする。 ●個やグループの気付きを学級全体に広げ、検討し合うことができるように、添加や修正の意見を取り上げたり、論点を絞って問い直したりするなど、補助的な発問や助言の工夫をする。
12	⑧ 学習のふり返りをする。	●自己の学びの成果を自覚できるように、"吟味の目"に視点を当ててふり返りの作文を書く時間を設ける。

4　授業案と授業記録

第10時（10／12）
日　時：2009年6月12日（金）10時45分～11時30分
学　級：5年A組（男子19名、女子15名、計34名）
授業者：熊谷　尚

(1) 本時の授業案
①ねらい
「言葉や表現に曖昧さはないか」「示された例は適切か」などの観点で文章を吟味しながら読み、不十分な点や問題点を指摘することができる。
②評価規準
あたたかい——暑い、寒い地方——寒い所——寒地、まるっこい——球に近い等の言葉・表現のユレや、ゾウとキリンの例示の問題点に気付くとともに、より論理的な文章にするにはどうしたらよいか、修正や改善の可能性を探っている。
③展開

学習活動	教師の指導　評価
①学習のめあてをもつ。 ②本文1・2（第2段落～第9段落）を音読する。 ③本文1・2を吟味する。 【学習課題】 1・2を吟味しながら読み、	●本時の目標や学習内容を全員が意識できるように、前時までに学習した「読みの方法」（吟味の観点）を確かめるとともに、学習箇所を全員で音読する時間を取る。 ●どの子も自分なりの考えをもって話し合い活動に参加できるように、テ

不十分な点や問題点はないか、考えよう。	キストの着目した語句や文に傍線を引いたり、ノートに自分の気付きを書いたりする時間を十分に保障する。
個人で吟味 ↓ グループ（1回目） ↓ 全体で意見を出し合う ↓ グループ（2回目） ↓ 全体で練り合う	● 全体での話し合いを活性化させ、読み取りの深まりにつなげることができるように、4人グループによる話し合い活動を2回設定する。 ＊1回目：個の読み取りを持ち寄っての話し合い ＊2回目：教師の問い返しにより、焦点を絞って課題を追求する話し合い ● 話し合いを円滑に進めることができるように、司会進行を行う学習リーダーを決めておく。
予想される反応 【言葉の使い方が曖昧】 ● あたたかい―暑い ● 寒い地方―寒い所―寒地 ● まるっこい―球に近い 【例示が適切でない】 ● ゾウは寒地向きの体形である 【説得力に欠ける】 ● 体が大きいのは寒地の生活に適している。	● 話し合いを活性化するために、注目すべき段落や文を絞り込んで示したり、他のグループの進捗状況を紹介したりするなど、グループに応じた助言をする。 ● 全体での話し合いが焦点化したものとなるように、互いの考えの共通点や相違点を整理して示したり、語句や文に立ち戻って考えるように促したりする。 ● 単なる粗探しやこじつけに陥ることのないように、全体の場で出された意見について賛否・修正・添加等の

	多様な意見を引き出すとともに、「文章全体の価値に関わる重要な指摘であるか」という視点で吟味したことを皆で検証するように促す。
④学習のふり返りをする。	文章の不十分な点や問題点を指摘するとともに、文章の修正や改善の可能性を探ることができる。（発言、話し合い、ノート）
	●着目した語句や文に立ち戻って吟味の観点を押さえる場を設け、本時の学びを「読みの方法」として意識化できるようにする。

(2) 授業記録とコメント
①グループの話し合い（1回目）から全体ので練り合いへ

教師1　では、グループで出た意見をみんなに紹介してください。
子ども　はい。（グループ全員が挙手していると指名されるルールになっている。全グループの手が挙がる。）
教師2　3班、どうぞ。
子ども　4段落の「まるくて小さい耳をしている」というのがおかしいと思いました。3段落では「体がまるっこい」と書いてあって体型のことを書いてあるのに、いきなり耳のこと

　　　　になったからです。
子ども　（口々に）ああ、分かった。なるほど。
教師3　うーん、なるほど。えっ、同じこと思ってた？　言われちゃった？　後で付け足してもいいからね。じゃあ、5班さん。
子ども　2段落の①文に、「おもしろい関係」とあるんですが、おもしろいっていうのは感じ方が違って、おもしろいと思う人もいればおもしろいと思わない人もいるので、あいまいだと思います。
子ども　（口々に）同じです。
教師4　じゃあ今度は2班さん、どうぞ。
子ども　ゾウは、寒い地方でも暖かい地方でもどっちでもすめるけど、2段落の②では、「比べて」と書いているから、増井光子さんは図鑑とかに書いてるほかの動物を見逃しているから、「比べて」というのはおかしいと思います。
教師5　うーん、みんな、意味分かった？
子ども　（口々に）微妙に分かる。ああ、分かった、分かった。
教師6　分かった？　先生はちょっと分からなかったんだけど……、だれか通訳してくれませんか。
子ども　「比べて」と書いているのに、比べるものが例に出されていない。
子ども　えっ、出されているよ。
子ども　例に出されているのが「ホッキョクギツネ」と「フェネック」しかないのに、それで暖かい地方の動物と寒い地方の動物を比べちゃってるのが変だって言いたかったんじゃないかな……。
教師7　ああ、そういうこと？　つまりYさんは、もっとほかの例も出してほしかったっていうことを言いたかったの？
子ども　うん、そう。
子ども　出してるよ。

1 「吟味よみ」でスッキリ解明!「動物の体」

子ども　6段落の「ゾウ」と「キリン」もあるし、8段落の「シカ」もあるので、けっこう出していると思います。
教師8　Kさんも同じ意見？　どうぞ、お話ししてみて。
子ども　ちょっと合ってるか分からないんですけど、寒い地方と暖かい地方を比べると、全体的に暖かい地方の方が寒い地方よりもまるっこいということを言いたいのだから、Yさんの言っていることはちょっとおかしいんじゃないかなと思います。
教師9　Kさんは、「ホッキョクギツネ」と「フェネック」の例を出しているからそれでいいんじゃないかって言いたいのね。
子ども　でも……。
教師10　でも？　Tさんどうぞ。
子ども　でもYさんは、これに載っていないものがもしかしたら寒い地方の動物なのにまるっこくないかもしれないから、あのう、えっと、「全部の動物を調べてみると」っていうふうにやると、もっとよかったということを言いたいのだと思います。
教師11　ああ、なるほどね。分かりました。いったんこの辺にして、次に行きましょう。次は4班さん、どうぞ。

> コメント1：2班から出された意見について、それを支持する意見と異議を唱える意見の両方が出て、小さな議論となった。あるグループが指摘したことが本当に妥当なものであるかどうか、検討したわけである。言ってみれば「吟味の吟味」である。このような全体の場での練り合いの過程を重視し、吟味の質を高めていくようにしたいと考えた。

子ども　ぼくは、6段落目の「ゾウはかなり寒い所でも飼えるが、キリンはむずかしい」という文はちょっとおかしいと思いました。

　　　　なぜなら、「ゾウはかなり寒
　　　　い所でも飼えるがキリンは飼
　　　　えない」と言っていて、キリ
　　　　ンは「かなり」とまではいか
　　　　なくても、少しぐらい寒い所
　　　　なら飼えるかもしれないのに、
「飼えない」と言い切ってしまっているのは、ちょっとおかし
いからです。
教師12　みんな、分かった？　先生は分かったよ。キリンは寒い所で
　　　　は本当に飼えないのかって言いたいんでしょ。
子ども　ああ、そういうことか。
子ども　「むずかしい」だから、難しいけど飼えるんじゃない？
子ども　がんばれば、飼える。
教師13　がんばれば飼える？　はい、Ｓさん。
子ども　ぼくは、キリンも飼えると思います。なぜなら、飼えないなら
　　　　「飼えない」と書くはずだけど、この文では「むずかしい」と
　　　　書いてあるから、「何とか飼える」ということだと思います。
教師14　うん、いずれ、４班さんが言いたいことは、ゾウは飼えるけれ
　　　　どキリンは難しいと言っているけれど、キリンだって飼えるん
　　　　じゃないのっていうことを言いたいんでしょ。
子ども　「かなり寒い所」では飼えない。
教師15　「かなり寒い所」では飼えないけれど、まあ、普通に寒い所で
　　　　は飼えるよって言うこと？
子ども　秋田でも飼えるよ。
教師16　ああ、じゃあ「かなり」という言葉があいまいだし、「難しい」
　　　　もあいまいだと言うことだね。はい、分かりました。次は６班。
子ども　ぼくらの班でおかしいと思ったのは、６段落の「キリン」って

いう言葉と、9段落の③文がおかしいと思いました。何でかというと、まず、9段落の③の文に「体が大きいのは、熱量の必要な寒地の生活に適しているわけである。」って書いてあるけれど、キリンだって大きいのに6段落の文では「キリンはむずかしいということがいわれる」って書いてあって、寒地の生活にあんまり適していないってことが書いてあるからです。

子ども　（口々に）ああ。うんうん。
教師17　みなさん、キリンは知ってるよね。（キリンの写真を出して）これ、キリンさんです。
子ども　3m ぐらいはある。
教師18　うん。じゃあ、ここをみんなで読んでみよう。せえの。
子ども　体が大きいのは、熱量の必要な寒地の生活に適しているわけである。
教師19　キリンは、体が……。
子ども　でっかい。大きい。
教師20　どちらかと言えば大きいよね。あれえ、さっきは何だか寒い所で飼うのは難しいって言っていたのに、ここを読むと、飼えそうな気がしてくるねえ。なんだか、あいまいになってきたぞ。

> コメント2：4班や6班の意見は、本時の主眼である「例示の妥当性の吟味」につながるものであった。そこで、教師と子どもの問答を通してそれぞれの指摘の妥当性を全体に広げ、問題意識を高められるようにした。

教師21　まだ、だれも出していないところはありますか。じゃあ、7班。
子ども　えっと、理由は言えないんですけど、2段落には「寒い地方」と書いてあって、3段落には「寒い所」と書いてあって、「寒

　　　　い地方」と「寒い所」がどんどん変わっている。
教師22　みんな、意味分かる？
子ども　分かる、分かる。
教師23　2段落には何て書いてあるの？
子ども　寒い地方。
教師24　うん、それが3段落では？
子ども　寒い所。
子ども　それでまた、「寒い地方」に戻ってる。
教師25　どこにある？
子ども　4段落。
子ども　まだあるよ。6段落では「寒い所」。
子ども　9段落には「寒地向き」ってある。
教師26　ちょっと言葉の使い方がごちゃごちゃしちゃってるってことかな。

　　　　　　　　　　　　　　　　　　　（ここまで29分）

②**教師の問い直し→グループの話し合い（2回目）→全体ので練り合い**
教師27　いくつかのグループから、ゾウとキリンのところについて意見が出ていました。例えば、キリンは本当に寒い所では飼えないのっていう意見が出ていたよね。ゾウとキリンの例について、もう少し考えてみたいんだよ。（学習問題を書いた紙を示して）ちょっと読んでもらおうかな。せえの。
子ども　ゾウとキリンの例に問題点はないか。
教師28　ありそうなんです、実は。もう一回グループの時間をあげますので、ゾウとキリンの例がこの文章にふさわしいのかどうか

52

1 「吟味よみ」でスッキリ解明!「動物の体」

を話し合ってほしんです。いいですか。はい、どうぞ。

※グループごとに話し合う。時間は２分程度。

【各グループに与えた教師の助言】

- ホッキョクギツネとフェネックは、寒い地方と暑い地方で比べていたんだよね。では、ゾウとキリンはどうなのかな。
- ゾウとキリンは元々はどういう所にすんでいる動物かな。
- 今、○○さんは「ゾウとキリンでは比べられない」と言ったけれど、それはどうしてですか。
- 第２段落の②文をもう一回よく読んでみて。何か気付くことはないかな。
- 「体がまるっこく」はよしとして、「体の出っ張り部分が少ない」というのはどうだろう。ゾウの体つきを思い出してみて。何か気が付くことはないですか。
- この班はいいところに目を付けているね。「出っ張り部分が少ない」のところだね。そのことについてもう少しみんなで話し合ってみて。
- 第６段落の①文に気になる言葉があるのですが、この班だったらそれに気付くことができるんじゃないかなあ。がんばって。
- この班は「飼える」に目を付けているね、さすがです。
- うん、そういうことです。するどいなあ。(他の班にも聞こえるように、わざと少し大きな声で言い、意欲を喚起する。)

【ボイスレコーダーで記録したあるグループの話し合いの様子】

A児　分かった。ゾウもキリンもどちらも寒い地方にすんでいない動物で、寒い地方と暖かい地方に分けて出しているのに、どちらも暖かい地方にすんでいる動物だから変なんだ。

Ｃ児	南半球と北半球に分けるの？
Ｄ児	そうじゃなくて、Ａさんの言ったこと、分かった。寒い所にすんでいる動物は出っ張り部分が少ないって言っているのに、ゾウもキリンも暑い所にすんでいるから、何かすれ違ってるっていうこと？
Ａ児	そう、だから、寒い地方の動物と暖かい地方の動物を比べればよかったんじゃない。
Ｃ児	ゾウはもともと暑い地方にいるから、寒い地方にもすんでいるけれど、やっぱり暑い地方の動物というべきだよ。
Ｂ児	比べればよかったんだよね、暑い地方と寒い地方の動物で。
Ａ児	これだとアフリカとアフリカ。
Ｂ児	アフリカと、うーんと、シベリアとかならいい。
Ａ児	シベリアなんかすんでいないよ。
Ｂ児	だから、ゾウとキリンはどっちも暑い地方にすんでいる動物だから、寒い地方で飼えるっていっても、何て言うか……。
Ｃ児	飼えるけど、すんでない。
Ａ児	そうそうそう、ゾウとキリンは寒い地方にすんでない。

教師29　さあ、行ってみよう、どうぞ。
子ども　（一斉に手が挙がる）
教師30　じゃあ、6班。
子ども　ゾウとキリンは、例えば草原とか、そういう同じ所にすんで

いるけど、ホッキョクギツネは寒い所にすんでいて、フェネックは暑い所にすんでいて、何て言うか……、例えばゾウは北極にすんでいるとか、そういうことならまだ分かるけれど、ゾウとキリンは同じ所にすんでいて、それだと何か、おかしい。

子ども　（口々に）付け足し、付け足し。
教師31　付け足しでもいいよ、じゃあ、2班どうぞ。
子ども　ホッキョクギツネとフェネックは寒い地方と暑い地方で比べられるけれど、ゾウとキリンはほとんど同じ所にすんでいるから、比べるのは変。
教師32　みんな、どうですか。
子ども　いいと思います。
教師33　ホッキョクギツネとフェネックは北極と暑い砂漠で比べてるからいいんだけれど、ゾウとキリンってみんな知っていると思うけれど、どこにすんでいるの。
子ども　（口々に）暑い地方。アフリカ。アフリカの草原。
教師34　だいたい同じような所にすんでいるでしょ。しかも暑い所にすんでいる。暑い所と暑い所を比べても仕方がないんじゃないかってことね。ほかに、ありませんか。はい、1班。
子ども　6段落の③文で、「キリンは足や首が長く、どうみても寒地向きの体型ではない。」と書いてあるけれど、キリンの耳はどちらかと言うと小さい方だから、寒い地方にすんでいる動物の体型に合っていると思うし、9段落の③文に「体が大きいのは熱量の必要な寒地の生活に適している」と書いてあるから、キリ

ンは体が大きいから寒地向きの体と言えると思います。
教師35　みんな、分かる？分からない人がいるような気が……。
子ども　（口々に）分かる、分かる。
　　　　（中には、首をかしげる子も見られる。）
教師36　今、Hさんが言ったこと、分かった人。もう一回言って。通訳してもらおう。じゃあ、Nさん、どうぞ。
子ども　キリンは体が大きいけれど耳が小さくて、ゾウの場合は体は大きいけれど体はまるっこく寒地向きではあるけれど、耳が大きいので寒地向きとは言えないから、ゾウが寒地向きというのはおかしいと思います。
教師37　分かってきた？　分かった人、もう一回言ってよ。はい、Kさん。
子ども　キリンは体が大きく耳も小さいから寒い地方にすむのに向いていて、ゾウも体が大きくて球形に近いから寒い地方に向いているけれど、耳が大きいっていうのは、寒い地方に向いているとは言えないんじゃないかと言うことだと思います。

> コメント3：本時の主眼である「例示の妥当性の吟味」の場面である。発言した3つの班の意見はそれぞれ説得力のあるものであったが、よく読めている子どもの発言だけで授業を進めてしまうと、よく理解できず、意欲をなくしてしまう子どもも出てきてしまう恐れがある。そこで、ある子どもの意見を繰り返して別の子どもに言わせたり、教師が学級全体に向けて問い直したりして、学級全体で確かめ合う場を意識的に設けるようにした。

教師38　ちょっと整理しようね。キリンは体が大きくて耳が小さい。耳が小さかったのは、どっちだったの？寒い地方？暖かい地

方？
子ども　ホッキョクギツネ。寒い地方の動物。
教師39　そうだよね、キリンは体も大きいよね、じゃあ寒い地方に向いているんじゃない？
それから、ゾウは体は大きいね、それにキリンに比べたら……。
子ども　体がまるっこい。
教師40　うん、確かにまるっこい。でも……。
子ども　耳が大きい。
子ども　出っ張りが大きい。
教師　耳だけかなあ。
子ども　鼻。鼻も長い。
教師41　そのことは、どこに書いてあることと合わないの。
子ども　うーんと、4段落。
教師42　4段落もだけれど、2段落は？　はい、Kさん、どうぞ。
子ども　「寒い地方にすんでいるもののほうが、あたたかい地方にすんでいるものに比べて、体がまるっこく、耳とか手足とかの体の出っ張り部分が少ない」の所に合わないと思います。
教師43　そのどこに合わないの。
子ども　出っ張り部分が少ないっていうのは何か少し違う。何か、鼻とか耳とか出っ張ってるから、出っ張り部分が少ないとは言い切れない。
教師44　どう、みんな。この写真見て。ゾウは出っ張っている所は少ないですか。キリンと比べて、どう。
子ども　出っ張りはゾウの方が多い。でも、体はゾウの方がまるっこい。

教師45　じゃあ、まるっこいのはいいんだ、でも、出っ張りは多いよね。なるほど。よく分かりました。

(ここまで39分)

③筆者の意図を推し量り、再度吟味し直す

教師46　今、みんなが言ってくれたことはもっともだと思います。でも、ここでちょっと考えて。筆者の増井さんは、動物の専門家なので動物のことには詳しいはずなんです。動物の体のことをよく知っている増井さんが、あえてここでゾウとキリンを比べて例に出してきた理由は何だと思う？

子ども　何か、理由があるんじゃない？

教師47　何でここでゾウとキリンの例を出したんだと思う？　みんなが言うように変だよ、寒い地方の動物のことを言いたかったのに暑い地方の動物のことを例に出しているのは、ちょっと変だよ。でもさあ、何でこの例を出したんだろうねえ。ちょっと筆者の立場になって考えてみると、ひょっとしてこういうことかなって、何か気付きませんか。はいYさん、どうぞ。

子ども　どっちも暑い地方、ほとんど同じ所にすんでいるじゃないですか。でも、同じ地方にすんでいる動物でも違いはあるのかなあって疑問に思ったんじゃないですか。

教師48　ああ、そういうことね。どうだろう……。ほかにどうかな、

1 「吟味よみ」でスッキリ解明！「動物の体」

はい、Rさん。
子ども　なんか、キリンもゾウもみんなが知っている動物なので、それで違いがないかということを説明しようと思ったんだと思います。
子ども　（口々に）ああ、そういうことか。はい、分かった。
教師49　えっ、それってどういうこと。だれか説明して。はい、Bさん。
子ども　ゾウもキリンも小さい子とかでも知っている動物だから、読んでいる人に分かりやすくするために、みんなが知っている動物を例に出したんだと思います。
教師50　分かる？　Rさん、そういうことを言いたかったの？
子ども　うん。そう。
教師51　みんな、分かる？
子ども　（口々に）うんうん。ああ、分かった。
教師52　フェネックって、みんな知ってた？
子ども　（口々に）知らなかった。
教師53　ゾウは？
子ども　知ってる。知らない人いないんじゃない。
教師54　今、RさんやNさんが言いたかったことは、ゾウやキリンはこれを読む小学生ならだれでも……。
子ども　（口々に）知ってる。
教師55　知っているから……。
子ども　代表的。
教師56　えっ、Cさん、今、何て言ったの？

子ども　あえて代表的なものを例に出した。
教師57　ああ、代表的な例だと思ったんだ。この例を出した方が、小学生がきっとよく話を……。
子ども　理解できると思った。
教師58　理解できるかなあって思ったのかなあ。なるほど。
子ども　もしくは、暑い地方にもこういう体の動物もいるよっていうことで出したのかあって思いました。
教師59　その可能性もあるかな。どう？　今のJさんの考えは。
子ども　（口々に）その可能性もあると思う。あると思います。
教師60　そうか、まあ、分からないけれどね。RさんとNさんが言ったことは、みんな納得できた？
子ども　うん、分かる。納得できる。
教師61　その可能性があるかもしれない。そう考えれば、確かにちょっと変な所があったけれど、ゾウとキリンの例はここで出してきたことは、よかったのかなあ。
子ども　（口々に）よくない。だめ。
子ども　キリンを何かに変えればいい。
子ども　いや、ゾウかキリンのどっちかをほかのものに代えればいいと思う。
教師62　ほかのものってどういうもの？
子ども　寒い地方にすんでいて、みんなが知っている動物にする。
子ども　ペンギンは？　ペンギン。
子ども　白クマとかって知ってるんじゃない。白クマすればよかった。
子ども　（口々に）白クマがいい。ア

60

ザラシはどうかな。

教師63 うん、もしかしたら、みんなが知っていて、もっといい例がある可能性もあるね。あそこにある本や図鑑で調べれば、もっといい例が見つかるかもしれないよ。

> コメント4：ゾウとキリンの例を出した筆者の意図を推し量る場面である。5年生の子どもたちにはややハードルの高い問いではないかという心配があったが、子どもから予想以上に鋭い反応が返ってきた。読み手の立場からだけでなく書き手の立場からも文章を吟味することは、より客観的な評価・批評をしようとする態度を育てることにつながると感じた。

【最終板書】

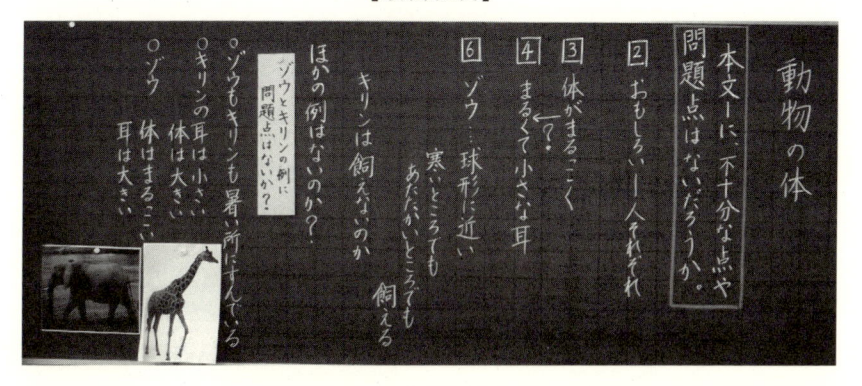

5 成果と今後の研究課題

(1) 授業の成果
①練習教材で身に付けた力を主教材の読み取りに活用する

「教科書は正しいもの、間違いのないもの」という"思い込み"は、

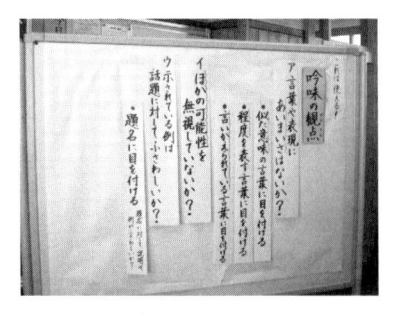

子どものみならず教師にも蔓延している。教科書の文章のようによく練られたものをあえて子どもに吟味させる必要があるのか、という声も聞かれることがある。しかし、教科書の文章と言えども、じっくり吟味しながら読んでみると、「あれっ、変だな。」とか「これは本当かな。」などと思うことが出てきて、驚くことが多々ある。

　"思い込み"から抜け出すことから『吟味よみ』は始まる。それには、ある程度のトレーニングが必要である。本実践では、主教材の読み取りの学習と並行する形で、教師が自作した練習教材を用いて『吟味よみ』のトレーニングを積み重ね、吟味の観点や目の付け所を「読みの方法」として子どもたちに習得させていった。練習教材で習得した「読みの方法」を"物差し"にして主教材を吟味するという学習を仕組んだことは、個々の主体的な読みの態度を育てることにつながった。子どもたちから的を射た指摘が次々と出されたことは、授業記録で見てきた通りである。

②個・グループ・全体の３つの学習形態を弾力的に組み合わせる

　本時の授業では、４人グループによる話し合いを授業展開の要所で２回意図的に設定した。１回目は個の読みを持ち寄っての話し合い、２回目は、教師の問い返しを受けての話し合いである。どの場面で、何を、どう話し合わせるか、綿密に計画を立てておいたことが功を奏し、グループでの学びの姿に応じて、時間の設定や助言・指示など、手立てを柔軟に講ずることができた。それが、全体での練り合いの質を高めることにつながった。

　あるグループから出た意見をそのまま受け入れるだけでなく、それに反対する意見や修正する意見が出て、論議が展開した場面が２度ほど見られた。このような子ども同士の論議の過程が非常に重要である。ある

グループの指摘が本当に妥当なものであるかどうか、全体でもう一度検討するのである。言ってみれば「吟味の吟味」をするのである。そうすることによって、単なる揚げ足取りでない、質の高い文章吟味をする目が養われていくものと考える。本時で、そのような練り合いの場面が見られたということは、子どもたちの中に文章吟味の目が育ってきていることの証であろう。

③書き手の意図を推し量った文章吟味

　授業の後半では、授業の主眼である「例示の妥当性の吟味」からさらに一歩踏み込んで、たくさんの事例の中からその例を選択した筆者の意図を推し量ること、そして、そのことも考慮に入れながら再度「ゾウやキリンの例示を良しとするか、否とするか。」と問い直すことにより、書き手の立場・読み手の立場の両面から文章を吟味し、自分なりに評価することができた。最後には、「白クマ」など例示の代案にまで話が及んだ。

④深い教材研究と綿密な指導計画・準備の必要性

　多くの成果の一方、いくつか課題もあった。

　まず、個々の読み取りの段階で抵抗感を感じている様子の子どもが多かった。個々の活動に入る前に前時までに読み取った文章の構造・論理を復習する時間を取ったのだが、構造図を補助黒板に掲示するなどして、より意識付けを図る工夫が必要だった。また、1時間の学習で第2段落から第9段落までを吟味するというのは、子どもたちにとってやや分量が多かったのかもしれない。だとすれば、もっと早い段階で「第4、5、6段落を中心に読んでごらん」と、こちらの方で範囲を絞ってやるべきだった。

　また、グループでの話し合いでは、非常に質の高い話し合いをしているグループがある一方で、話し合いが停滞しているグループも見られた。授業中、教師は全部の班を回りながら助言・指示を出すように努めたが、

より細かな助言を用意しておくべきだった。どの順序で班を回るか、時間配分をどうするかなど、まだまだ修正できるところはたくさんあった。

　授業は生き物である。教師の思惑通りに子どもが動いてくれないことの方が多い。不測の事態に対し、可能な限り最善の手立てを講ずることが教師には求められる。教師の深い教材研究と綿密な指導計画と準備、それをなくしては、子どもの豊かな学びを支えることはできないことを、改めて感じている。

(2) 今後の研究課題

　文章を吟味して自分なりの評価・批評をすることができるようになってきたら、その次の段階として、「調べ学習」や「書くこと」の学習へ発展させていくことが考えられる。

　本実践では、"寒い地方にすむ動物は、体がまるっこく、出っ張り部分が少ない"ということを述べるための動物の例として、よりふさわしいものがあるかもしれないということで話し合いがまとまり、最後には「白クマ」はどうかという代案も出された。そこから発展させて、白クマの体つきを図鑑等で調べ、本文に合う形で「白クマの例」を作文するといった学習につなげることも考えられた。

　吟味して「読むこと」で問題意識を持ち、その文章をよりよいものにするためにリライトしてみる「書くこと」の学習へ発展させる。真に主体的な学び手を育てる有力な方法として、今後、単元の構想・実践を試みてみたい。

引用文献
(1) 文部科学省『読解力向上に関する指導資料― PISA 調査（読解力）の結果分析と改善の方向―』東洋館出版 2008 年
(2) 『小学校学習指導要領解説国語編』東洋館出版 2008 年 89 頁

(3) 阿部昇『文章吟味力を鍛える─教科書・メディア・総合の吟味─』明治図書 2003 年 177 〜 215 頁

参考文献
(1) 阿部昇『授業づくりのための「説明的文章教材」の徹底批判』明治図書 1996 年
(2) 科学的『読み』の授業研究会編『PISA 型「読解力」を越える国語授業の新展開』学文社 2008 年
(3) 科学的『読み』の授業研究会編『教材研究を国語の授業づくりにどう生かすか』学文社 2007 年
(4) 科学的『読み』の授業研究会編『確かな国語力を身につけさせるための授業づくり』学文社 2006 年

動物の体

増井光子

1　地球上には、暑くてかわいた砂ばく地帯もあれば、逆に、冬にはマイナス数十度にまで下がり、雪と氷にとざされてしまう所もある。そのような所にも、いろいろな動物たちが、それぞれの環境に適応しながら生きている。

2　動物の体と形と気候との間には、おもしろい関係がある。いっぱんに、寒い地方にすんでいるもののほうが、あたたかい地方にすんでいるものに比べて、体がまるっこく、耳とか手足とかの体の出っ張り部分が少ないというけい向がみとめられることである。

3　寒い所で体温を一定に保っていくためには、体内で生産した熱をできるだけ失わないようにしなければならない。同じ体積の体であっても、体の出っ張り部分が少なく、体形が球に近いほど体の表面積は小さくなる。体の表面積が小さいということは、外気と接する面積が小さいということであり、それだけ外気にうばわれる熱が少なくなる。体がまるっこいのは、寒い地方で生きていくのに、たいへん都合がよいことなのである。

4　実際に、寒い地方にすむホッキョクギツネは、まるくて小さい耳をしている。耳とか手足などの部分は、血管が体の表面近くにあるので、そこから熱がうばわれやすい。だから、耳が小さいことは、熱がうばわれて体温が下がるのを防ぐのに役立っている。

5　逆に、暑い砂ばくにすむ小さなイヌ科動物のフェネックは大きな耳を持っており、この耳は、そこから体熱を放散させて、体温が上がりすぎないようにするのに役立っている。

6　動物園関係者の間で、ゾウはかなり寒い所でも飼えるが、キ

リンはむずかしいということがいわれる。それは経験から出た言葉であるが、先に述べたことと無関係ではない。ゾウの体つきは、どちらかといえば球形に近いし、キリンは足や首が長く、どう見ても寒地向きの体形ではない。

7 また、寒い地方にすむ動物は、同じ種類の中では、あたたかい地方にすむものに比べて体格が大きいといわれている。

8 ニホンシカを例にとってみると、北海道のエゾシカ、本州、四国、九州のホンシュウシカ、屋久島のヤクシカ、沖縄のケラマジカと、北から南にいくにつれて体格が小さくなっていく。

9 体温を一定に保っていくための熱の生産は、きん肉の活動によって行われる。体が大きく、きん肉が発達していればいるほど、熱量の生産が多くなる。体が大きいのは、熱量の必要な寒地の生活に適しているわけである。

10 寒冷地にすむ動物は、防寒用のすぐれた毛皮を身に着けている。

11 ニホンカモシカは、日本の山がく地帯にすんでいる。ニホンカモシカの冬毛は、実にりっぱである。体から直角に毛が立つように生えているのだ。カモシカたちは、雪がふっているのに、物かげにも入らず、雪にうもれてすわっているときがあるが、その毛を見ると、なるほど、寒さ知らずなのだろうと思う。

12 毛によって、外気と皮ふの間に空気の層が作られ、外気の温度のえいきょうを直接受けないようになっているのである。

13 すぐれた毛皮を身に着けているのは、寒い地方にすむ動物だけではない。先に挙げたフェネックなども、その体の表面は密生した毛におおわれている。寒い地方の動物の毛皮が防寒用であるのに対して、フェネックなどの毛皮は、強い太陽熱から身を守り、かんそうした空気によって、水分が体の表面からうばわれるのを防ぐ役目を果たしているのである。

14　動物たちの環境への適応の仕方は、これまでに述べてきたような、外から見える形だけではない。体の中の仕組みも、それがすんでいる環境に適応している。

15　環境に適応したものの例としてよく取り上げられるものにラクダがある。中でも、代表的なヒトコブラクダは、砂ばくの船といわれ、隊商にとって欠かすことのできない家ちくとなっている。

16　砂ばくにすむものは、高温と水の欠ぼうというきびしい条件にたえねばならない。どうして、ヒトコブラクダは、水分のない焼けつくような砂ばくの旅を続けることができるのだろうか。

17　それについては、これまで、ラクダは胃に水をためるふくろを持っているからとか、背中のこぶにしぼうをたくわえていて、そこから栄養と水分がとれるからとか、いろいろなことがいわれてきた。しかし、ラクダの体の仕組みは、そんなかんたんなものではない。

18　ヒトコブラクダが、砂ばくの旅を続けられる理由として、まず第一に、ヒトコブラクダは、体温の上しょうにたえられるということが挙げられる。ほ乳動物は、暑くなって体温が上がれば、あせをかいて体を冷やし、体温を一定に保とうとする。しかし、ラクダの場合には、体温が四十度ぐらいに上がってもがまんできるようになっており、それをこえると初めてあせをかき始める。水分がかなり節約できるというわけである。

19　次に、にょうが少量ですむということがある。体内にとり入れる水分がないのであるから、生きるためには水分を節約するしかない。ヒトコブラクダは、少量のにょうの中に、体内の老はい物をとかしこんで体外に出すことができるようになっている。

20　生きるのに必要な水分を背中のこぶだけでなく、体全体からしぼりとることができるようになっていること、人間などよりずっ

と少ない水分で生きていけることも、理由として挙げられる。人間なら、体全体の二十パーセントの水分を失えば死んでしまうが、ヒトコブラクダは四十パーセントまでたえられる。

21　そのほか、そまつな食物ですむことや、一度に大量の水を飲めることも、砂ばくの旅を続けるラクダには、たいへん都合のよいことである。ヒトコブラクダは、一度に九十リットルぐらいの水を、十分ぐらいの短時間のうちに飲む。水はたちまち全身の細ぼうに行きわたり、体全体にたくわえられる。

22　環境に適応しながら生活を営んでいるのは、これまでに挙げたような動物に限らない。動物たちの体は、それぞれに、すんでいる場所の気候や風土に合うようにできているのである。それは、自然が長い年月をかけて作りあげてきた、最高のけっさくであるといえるだろう。

（段落番号は熊谷）

（『東京書籍5年上』より）

2 新聞記事の秘密を解読する
―― 5年生・新聞記事「GAO のあざらし『みずき』」

湊　弘一

1 この実践で提案したいこと

(1) クリティカルに読み、メディアリテラシーを育てることの大切さ

　意識して言葉と向き合い、吟味し、理解し、自分の考えをもつ力を育てたい。というのも、身の周りの情報が多いがゆえに、知らず知らずのうちに情報に流され、情報を鵜呑みにしがちだからである。情報の確かな受け手としてそれを回避し、自分自身の思い込みや言葉のトリックで惑わされないようにして生活できる力を付けてあげたい。

　つまり、ここでは、子ども自身の課題意識・課題発見力を高め、話し合いを活性化し、メディアリテラシー、特に情報の読解力、窮するところ思考力を高めたいと願った。

　平成20年告示の新小学校学習指導要領〈国語　第5学年及び第6学年　内容C読むこと（1）指導事項〉には次の記載がある。（下線は筆者）

ウ　目的に応じて、文章の内容を的確に押さえて、要旨をとらえたり、事実と感想、意見などの関係を押さえ、自分の考えを明確にしながら読んだりすること。
オ　本や文章を読んで考えたことを発表し合い、自分の考えを広げたり深めたりすること。
カ　目的に応じて、複数の本や文章などを比べて読むこと。

また、同じく〈C　読むこと（2）言語活動例〉には次の記載がある。

> ウ　編集の仕方や記事の書き方に注意して新聞を読むこと。

さらに、新中学校学習指導要領〈国語　第3学年内容C　読むこと(1) 指導事項〉には「評価すること」が明記され、学習に位置付けられた。

> ウ　文章を読み比べるなどして、構成や展開、表現の仕方について評価すること。

　本実践では、3種類の見出しを比べること、見出しとリードや本文・写真とのつながりを考え、学級の仲間と最もふさわしい見出しの言葉は何か、話し合って解決する。その学習の過程で、言葉をクリティカルに読み、自分の考えをしっかりともち、仲間の意見に耳を傾けその意見もクリティカルに聞き取り、自分の考えを広げたり深めたりできるようにしたい。
　具体的には、〈見出しの目的の理解〉〈見出しと本文と写真とにはつながり・一貫性があること（記事の作られ方）〉〈事実を伝える新聞にも主張・目的があること〉〈根拠を述べながら分かりやすく意見を伝える説明の仕方〉〈話し合いの楽しさ・大切さ、反対意見の大切さ〉を学べると考えている。

(2) 新聞は、身近な教材であるということ
①子どもの立場から　〜新聞（情報・活字）に親しむきっかけづくり〜
　新聞は身近にあり、手軽に読めそうである。しかし、記事の種類にもよると思われるが、小学生にとって関心がそんなに高いわけではない。そんな新聞記事には学べる大事なことがたくさんある。専門的な記者が

書いた記事は、読むのに格好のなまの教材となりうる。手本にするにしても、吟味するにしても、現実味のある重宝な学習材料となる。地元新聞の記事の中には、地元の身近な話題で児童の関心を高めるものもある。新聞によりかかわろうとするきっかけも与えてくれる。

やがては子どもたちに情報に主体的・批判的にかかわろうとする態度を育てたいと考えている。

そしてそれは、〈自らの課題発見力を高め、その解決方法を身に付け、答え（解決策）を導き出し、それに対して自分の考えをもち、行動できる人になってほしい〉という私の願いでもある。

②教師の立場から　～授業力アップ～

教材開発の材料として、身近な新聞に眼を向けよう。次のような教師の授業力、それを支えるための教材を開発する力が高まってくる。

ア　ねらいに合った記事の探し方。（記事探しの視点・学習の価値）
イ　記事から何を学ばせられるか。（学習の価値を発見する力、新聞を分析する力……記事の文章表現が読み手に与える効果・影響）
ウ　どのように学習を展開すれば、学習の価値に迫れるか。

指導書がなく自ら学習を創造するという点でも教師は磨かれる。地元記事だから学習意欲にあふれていたではなく、その身近な記事という魅力も借りながら、新しい実践づくりへの挑戦が、授業力を高める。

2 教材紹介と教材研究

(1) 教材さがし

「秋田さきがけ新聞」掲載、32面の「男鹿水族館GAO(ガオ)」の記事（2009年9月27日（日）付け朝刊、「秋田魁新報社」発刊）を使うことにした。（次ページを参照）

記事探しの上で、大切にした点は次の通りである。

①新聞の見出し、リード、本文、写真に一貫性があること。

子どもたちが論理的に読み取る上で、何より重要である。一貫性があるということは、見出し等がそれぞれ意味をもって深く結び付いているということ。このような教材では、内容を読み深め、構成の意図を探る、質の高い学習課題が見つかる。そして、子どもたちによる、しっかりとした読み取り、「なるほど、そういうわけだったのか」と納得のいく根拠を探すことが可能になる。つまり、子どもたちが納得のいく学習が成立する。そこでは、学び方が身に付き、力を付けられるのである。書き手の一貫した目的の基に作成されている記事は、論理的で理解しやすく、混乱を招かないのである。

今回の記事は〈動くものに興味をもつあざらし「みずき」とボールで遊んでもらおう〉に焦点化された内容で、見出し、本文、写真に一貫性がある。

がけ　２００９年(平成21年)９月27日　日曜日　地域　(32)

ボールで遊ぼうよ
GAOのアザラシ「みずき」
ガラス越し、興味津々

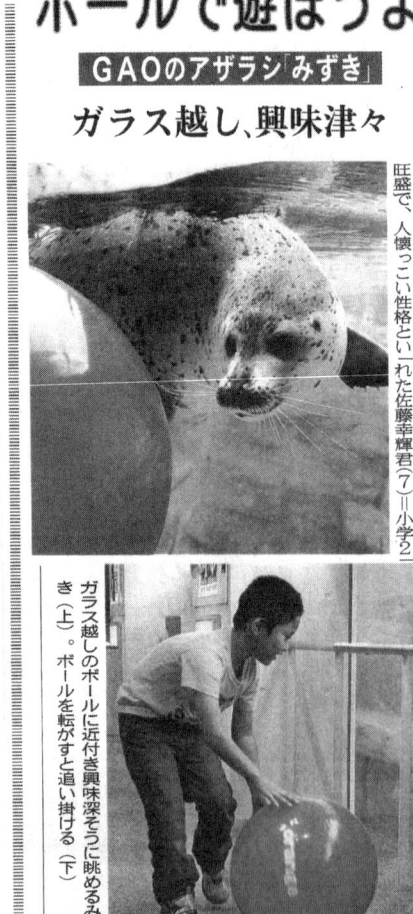

県央

男鹿支局　☎0185-23-2303　FAX 0185-23-2880
南秋田支局　☎018-888-1840　FAX 018-823-2080
本荘支局　☎0184-24-3122　FAX 0184-24-3124

男鹿水族館GAO（男鹿市戸賀）は26日、来館者にアザラシの「みずき」と一緒に遊んでもらおうと水槽前にボールなどを設置した。みずきが水中を泳ぎながらガラス越しに転がるボールを追い掛けると、愛きょうたっぷりの姿に来館者は歓声を上げていた。

アザラシの水槽は縦約2メートル、横約1.8メートル。ガラス越しに水中を泳ぐ姿を観察することができる。以前から水槽近くでアザラシを見ることができて楽しかった」と喜んでいた。同館では「ボールなどを持って水槽に近付くと、みずきは興味を示し、追い掛け回す行動を見せていたことから、初めてボールや人形などを設置した。

早速、来館者がボールや人形を持って水槽に近付くと、みずきは興味津々。ボールを転がしたり、弾ませたりする動きに、みずきは何度もボールを追い掛け、楽しそうにしていた。新潟県から家族5人で訪れた佐藤幸輝君（7）＝小学2＝は「ボールを転がして走るもガラスに寄って来るので記念撮影をしやすくなった。間近でアザラシを見ることができて楽しかった」と喜んでいた。「ボールに興味を示さないこともあるが、そのときはご理解いただきたい」と話していた。

みずきは雌の1歳。好奇心旺盛で、人懐っこい性格という。

ガラス越しのボールに近付き興味深そうに眺めるみずき（上）。ボールを転がすと追い掛ける（下）。

「秋田さきがけ新聞」（2009年9月27日（日曜日）付け朝刊）
「秋田魁新報社」発刊、32面「男鹿水族館GAO」の記事

②全ての子どもたちが興味をもって取り組めるような内容であること。
　例えば「野球記事」のように、野球に通じている人だけが分かるというような、ある種の専門性を必要としない内容であるということ。
　それよりは、動物的なものや身近な遊びや娯楽的なものなどが適材と言える。関心を集める話題は動機付け・意欲の持続にも効果がある。
③新鮮な話題であること。現代的課題を捉えた話題であること。
　世の中で初めて起きた出来事・事件、現在の今だからこそ起きてしまった事件（事件というには大げさかもしれない、出来事でもよい）は、緊急性や緊迫感、必要性を感じ、子どもの心と話題との距離を縮め、真剣に考えようとするものである。子どもの生活の現実に密着しているものであれば、なおさらである。
④内容がある程度やさしく、地方一般新聞特有の難しさが少ないこと。
　読み手の対象が大人である文章が多いので、語句や言い回しが理解しづらい場合も多々ある。子どもの立場に立って、ある程度自力で理解できるものを選ぶことが、子どもの読む意欲を削がない。
⑤文字数が適度で、短時間で読みこなせるものであること。
　子どもは難しいものに時間をかけるのがあまり好きではない。(少々の困難を克服しながら自信をつけていくようにはしたいものではあるが……) 限られた授業時間の中で、学級のみんなで読んで課題を解決していくことを考えると、文章量は適度なものがよい。

(2) 学習材にする（学習材化の）作業
　新聞記事を学習材にする。学習材とは学び手である子どもの学習が成立するための材料であり、そこには教師の思い入れのある仕掛けを詰めこむ。
①記事の変形
　この新聞記事を学習材として子どもに提示する場合、次のような形が

考えられる。
（ア）できる限りそのままの形で（原文で）
（イ）学習の目的に応じて加工する。ただし、原文の文章表現は変えない。
（ウ）子どもが読めるように文章表現を換えて読みやすく直す。

　ここでは、[（イ）　学習の目的に応じて、加工して。ただし、原文の文章表現は変えない。]である。

1　リード文
男鹿水族館GAO（男鹿市戸賀）は26日、来館者にアザラシの「みずき」と一緒に遊んでもらおうと水槽前にボールなどを設置した。みずきが水中を泳ぎながらガラス越しに転がるボールを追い掛けると、愛きょうたっぷりの姿に来館者は歓声を上げていた。(115字)

2　本　文
みずきは雌の1歳。好奇心旺盛で、人懐っこい性格という。以前から水槽前で動くものに興味を示し、追い掛け回す行動を見せていたことから、初めてボールや人形などを設置した。
早速、来館者がボールや人形を持って水槽に近付くと、みずきは興味津々。ボールを転がしたり、弾ませたりすると、みずきは何度もボールを追い掛け、楽しそうにしていた。新潟県から家族5人で訪れた佐藤幸輝君（7）＝小学2年＝は「ボールを転がして走ったら一緒についてきた」と喜んでいた。
同館では「ボールなどを持って水槽に近付くと、みずきもガラスに寄って来るので記念撮影をしやすくなった。疲れているとボールに興味を示さないこともあるが、そのときはご理解いただきたい」と話していた。(386字)

2 新聞記事の秘密を解読する

　このたびの学習の目的は、〔リードや本文、写真にふさわしい〈見出し〉を考えること〕である。この見出しの言葉を考える作業には、リードや本文、写真の構成がどうなっているかは不要である。形によって〈見出し〉の〈言葉〉を決めることは、内容を無視したことになる。したがって、文章の内容を読み取ることに重点を置くのであれば、文章は新聞記事として紙面に載る前の原稿の形が良いだろうと判断した。
　これは、新聞記事を作るときの疑似体験にもなると考えた。
②提示する内容の選択と提示する順序
　学習の目的は、〔リードや本文、写真にふさわしい〈見出し〉を考えること〕である。だから、当然ながら〈見出し〉をすぐには提示しない。
　写真をよく見ると、明らかに、〈ボール〉という言葉が使われていると予想させる。〈ボール〉がどちらの写真にもあり、その色の赤さにはインパクトがある。〈ボール〉に興味を持っているアザラシの様子が明らかに伝わってくる。

　そこで、第一には文章の読み、つまり〈リード〉と〈本文〉の読み取りを初めに行い、その後決定打となる根拠が見つけやすい写真の提示という順番で展開することにした。

教材（資料）の提示順
(1) リードと本文（素文として）
(2) 写真（キャプションをはずして）
(3) 実際に使われた見出しと新聞記事全体

③学習課題の設定

　何度となく繰り返しているが、このたびの学習の目的は、〔リードや本文、写真にふさわしい〈見出し〉を考えること〕である。そのふさわしい〈見出し〉を考えさせる手法として、次の2つが考えられる。
（ア）〈見出し〉の言葉そのものを、みんなで考える。作る。
（イ）いくつかの決まった〈見出し〉から、ふさわしいものを1つ選ぶ。
　この学習の場合は、（イ）である。

　実際の新聞づくりでは（ア）という作業になろう。しかし、（ア）の場合、今回の学習では記者が意図して付けた〈見出し〉があるにもかかわらず、記者が付けた〈見出し〉と似ている多様なそれを正解として認めざるをえない。子ども一人一人に学習の満足感が少ないと思う。

　それよりだったら、（イ）の場合、明らかに正解が出る。納得する。しかも、教師が意図して不正解の〈見出し〉を仕掛け、なぜ不正解か、なぜ明らかにこちらが正解なのかと、比較したことをみんなで一緒に考えることができる。

　正解の〈見出し〉にしろ不正解のそれにしろいずれ、〈リード〉や〈本文〉をよく読み取り、その論理性からふさわしい〈見出し〉を結論として出すのだから、〈見出し〉の言葉は初めからはっきりしていた方が学習しやすい。仲間と同じ土俵に立って考えをぶつけ合うなど考えやすいのである。

　そこで、私は、次のような3択を設定した。

2　新聞記事の秘密を解読する

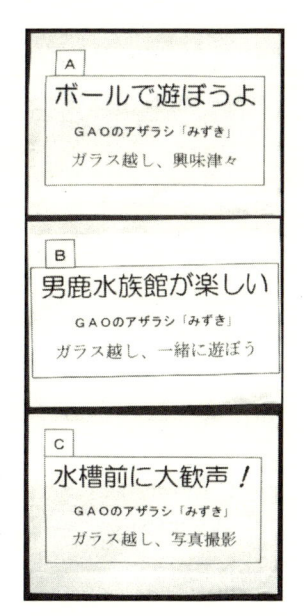

新聞記事として実際に掲載された〈見出し〉は Ⓐ である。
（最もふさわしいのは A ということ。正解は A。）
Ⓑ と Ⓒ は、ふさわしくないということ（授業者が意図してつくった見出しだということ）

次に、見出しについて分析してみよう。

Ⓐ 〈ボールで遊ぼうよ　GAO のあざらし「みずき」　ガラス越し、興味津々〉
● リード、本文ともに、「みずき」が中心として話題にされていて、初めてボールを設置した水族館で〈みずき〉と遊んでほしい、と館では願っているという内容。珍しく、ボールに興味津々の〈みずき〉が話題の中心であり、本文の例もボールで〈みずき〉と遊んだことが取り上げられている。写真には両方とも〈みずき〉と〈ボール〉が写っていて、ボールに興味がある様子がよく伝わってくる。

Ⓑ 〈男鹿水族館が楽しい　GAO のあざらし「みずき」　ガラス越し、一緒に遊ぼう〉
● 〈男鹿水族館が楽しい〉はあまりにも一般的で当たり前でどの場合にも当てはまりそう。話題が焦点化していない。〈見出し〉の言葉だけでは、水族館が初めてボールを置いた意味が伝わってこない。

Ⓒ 〈水槽前に大歓声！　GAO のあざらし「みずき」　ガラス越し、写真撮影〉
● 水槽前に歓声は上がっていたが、その理由がすぐには分からない。ボールに興味を示す「みずき」のことなのだが、そのことが伝わってこない。来館者の反応を〈見出し〉にしているが、〈歓声を上げていた

を〈大歓声〉と誇張している。
　リードと本文について、分析してみよう。

1　リード
①　男鹿水族館GAO（男鹿市戸賀）は26日、来館者にアザラシの「みずき」と一緒に遊んでもらおうと水槽前にボールなどを設置した。みずきが水中を泳ぎながらガラス越しに転がるボールを追い掛けると、愛きょうたっぷりの姿に来館者は歓声を上げていた。（115字）

2　本　文
②　みずきは雌の1歳。好奇心旺盛で、人懐っこい性格という。アザラシの水槽は縦約2m、横約18m。ガラス越しに水中を泳ぐ姿を観察することができる。以前から水槽前で動くものに興味を示し、追い掛け回す行動を見せていたことから、初めてボールや人形などを設置した。
③　早速、来館者がボールや人形を持って水槽に近付くと、みずきは興味津々。ボールを転がしたり、弾ませたりすると、みずきは何度もボールを追い掛け、楽しそうにしていた。新潟県から家族5人で訪れた佐藤幸輝君（7）＝小学2年＝は「ボールを転がして走ったら一緒についてき

●リード①では5W1Hを網羅し簡潔に記事内容を伝えている。アザラシの「みずき」と一緒に遊んでもらおうとボールなどを設置した企画が紹介されている。「愛きょうたっぷり」「歓声」から楽しさが伝わる。

●本文②は「みずき」の紹介。水槽前の動くものに興味を示す特徴を紹介。ボールにつながる説明である。

●本文③は、ボールを介して（遊んで）、「みずき」も佐藤君も楽しかったという具体例。この例しか挙げていないのは、記事の話題を1つに絞っているということ。

●本文④は、「遊ぼう

2 新聞記事の秘密を解読する

た。間近でアザラシを見ることができて楽しかった」と喜んでいた。
④　同館では「ボールなどを持って水槽に近付くと、みずきもガラスに寄って来るので記念撮影をしやすくなった。機嫌が悪かったり、疲れているとボールに興味を示さないこともあるが、そのときはご理解いただきたい」と話していた。（386字）

よ」の見出しだからこそ、読み手に呼びかけておいて、〈みずき〉自身が遊ばなかったらすまないという気持ちから、水族館側の弁解の文章を最後に掲載したのである。

④話し合いの進め方、場作り等

　話し合うためには、個々が自分の考えをもつ必要がある。
　そこで、学習シートを用意し、一人一人が自分の考えをもつ時間を確保する。
　個の段階での支援に力を入れる。
　その際、「どれがふさわしいか」について、以下の３点を大事にする。
○確かな根拠を見つけること
○その根拠の見つけ方を学ぶこと
○見つけた根拠を意見と論理的に結び付けること

```
                           3 見出し
        ┌─────────────────┐
        │ A               │
        │ ボールで遊ぼうよ │
        │ GAOのアザラシ「みずき」│
        │ ガラス越し、興味津々│
        ├─────────────────┤
        │ B               │
        │ 男鹿水族館が楽しい│
        │ GAOのアザラシ「みずき」│
        │ ガラス越し、一緒に遊ぼう│
        ├─────────────────┤
        │ C               │
        │ 水槽前に大歓声！ │
        │ GAOのアザラシ「みずき」│
        │ ガラス越し、写真撮影│
        └─────────────────┘
```

（縦書き：この記事にふさわしい見出しは、右のどれだと思いますか。なぜ、ふさわしいと思いますか。）

そこで、次のような支援を念頭に入れて学習を進める。
●根拠を書く欄をシートにしっかりと確保し、その根拠の説明をできるだけ詳しく書くように時間を確保し助言して回る。
●その選んだ見出し特有のことに根拠を見つけられるように、ほかの見出しとの違いにも注目させる。（誰の視点か。見出しの言葉は、リー

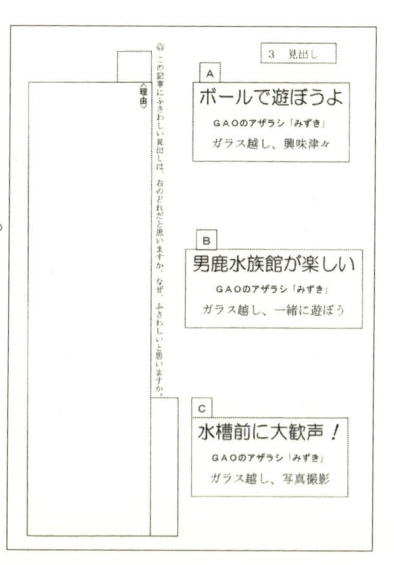

ドや本文のどこに書いてあるか。この見出しの効果は何か。記事の目的は何か。見出しの大きさ、位置はどうか。見出しの中心と記事の中心とを比べてみよう。何が書かれているか。……など)
●根拠と意見の結び付けについては机間指導をしながら助言する。
　(「だから」どうなの？　それで、つながっているかな？　見出しの言葉が本文にあるの？　いくつあるの？　記事の中心になっていることが見出しではどうなっているの。なぜこの記事を書いたのかな。なぜ、この例を記事に載せたのかな。……など)
　また、話し合いを活発化させるために次のような支援を心がける。
●小グループによる発言の場で必ず発言する機会を設定する。
●同じ考え同士グループになり仲間意識を高め、応援団が背後にいることを頼りに発言しやすくする。よく発言する人は周囲の友達にも発言できるように助言するよう促す。
●そして、子ども同士で解決していけるようにできるだけ教師の介入を少なくするようにした。ただし、話し合いの進め方やマナーは必要に応じて随時教える。
●話し合いのためのふり返りカードを活用する。

　国語の学習はもちろん、日常の学習でも話し合いは行われているが、常に学ぶ集団として、話し合いの質を日々上げていくことが必要である。そのためには、子どもたちも日々話し合いをよりよいものにしようとする意識が欠かせない。そこで、右のようなカードを日常化し意識化しふり返りを共有することが大切である。よさは大いにほ

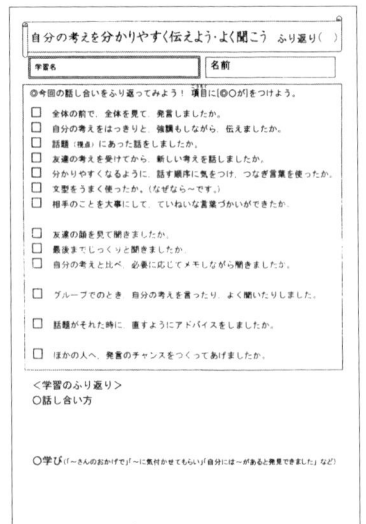

めて、課題については具体的なやり方をアドバイスするのである。
　実際の話し合いの場面では、子どもの意見が、何に目をつけての意見なのか、子どもに問いながら話し合いの視点を全体の場で明確にし、この視点を基に話し合いがかみ合うように教師がコントロールして進めたこともあった。
　子どもの熱弁が子どもの心を動かすこともある。確固たる自分の考え（自己判断）が、仲間の意見を聞くことで揺れる・変わる（考え改める）ことのよさも、授業者としては話し合いの前に伝えておく。

3　単元計画

(1)　単元名
　５年生　新聞記事の秘密を解読する
　　――新聞記事「GAOのあざらし『みずき』」

(2)　単元の目標
①記事の内容や書き方に興味をもち、ふさわしい見出しを見つけることを通して、見出しの大切さを知る。
②記事のリードや本文、写真から編集の仕方や書き方を読み取り、書き手の目的や伝えたい中心を捉え、ふさわしい見出しを考える。
③提示されたいくつかの見出しの言葉を比べてその違いが分かり、見出しと記事との関連性を説明する。

(3)　単元を構想するに当たって
　子どもたちは新聞への関心があり、それは、同年代の子どもたちが関係する記事やテレビ番組、４コマ漫画、天気等特定の内容についてがほとんどである。社会的な記事を好んで読むというほどではない。ま

た、新聞作りの学習を少しずつ積み重ねてきているが、伝えたい内容を5W1Hに気を付けながら新聞という形にまとめるというものだった。

　今回の教材は子どもたちが関心を持って取り組めそうな話題を取り上げた身近な地元新聞を活用する。また、見出し、リード、本文、写真が論理的に適切に関連付けられた新聞の典型例ともいえる内容のものである。

　学習にあたり、見出しをどれにするかという課題を設定する。その解決に当たっては話し合いの場を大事にする。自分の考えを説明するために、その根拠をリードや本文、写真から見つけられるように助言する。そして、その理由付けが論理的にできるようにする。その時、「書き手の目的」「中心となるもの」が視点（キーワード）となり、この論理的に説明する場が有効に機能するであろう。また、今回の課題を解くことが、新聞記事の4要素「見出し」「リード」「本文」「写真」の〈論理的なつながり〉を学ぶことになり、さらには記事作りに役立つ機会にもなると考えている。

(4)　単元の構想（総時数5時間）

時	学習活動	教師の主な指導
1	①口頭による新聞アンケートに挙手で答える。 ②小学生新聞を読む。 ③新聞の形式や構成要素、新聞用語について知る。 〈語句：記事、見出し、リード、本文、写真、キャプション〉 ④記事（リード、本文）	●新聞への興味関心が高まるように、新聞に対する否定的・落胆的な回答をフォローしながら、児童の思いを肯定的に汲み取る。また、最近発行された新聞の実物を1人に1枚配付する。 ●課題に対する自分の考えと根拠をリードや本文の語句や内容から見つけられるように、言葉や伝わってくる

	にふさわしい見出しはどれか、自分の考えを書く。	内容に注目するよう助言する。そして、一人一人が考えをもつことができるよう学習シートに書き込む時間を確保する。
2	①記事のリード、本文を読み、選んだ見出しにした根拠を考える。 ②記事にふさわしい見出しはどれか、小グループ（4人）になって話し合う。 ③全体で話し合う。 ④見出しを決める上で大事な視点をまとめる。	●なぜふさわしいのか、筋立てて説明できるように、意見について言葉を補って説明を助けるなど意図的に補足・修正する。 ●グループの考えを子どもたちで整理できるように、出た意見について他の仲間が納得できるかどうか、根拠の中で一番の決定打はどれか等を考えさせたり、その説明の弱点を意図的に示して説得力の高い意見にしたりなど、グループの話し合いにかかわっていく。
3	①記事のリード、本文を読み、選んだ見出しにした根拠を考える。 ②記事にふさわしい見出しはどれか、選んだ見出し別のグループになって、その根拠を確かめ合ったり、全体で議論したりと話し合う。	●根拠を深めたり広げたりできるように、選択した見出し別のグループで話し合う場を随時設定する。 ●選択外の見出しのふさわしい可能性やふさわしくない根拠も見つけられるように、選択した見出しについて根拠とした視点を明示して、意見を要求するなど助言をして議論する場を設ける。

	③リード・本文と見出しとの関係性をまとめる。	●書き手の意図により3つの記事要素の内容や言葉が選択されていることに気付けるように、つながりを強調した板書を心がける。
4	①記事の写真を観察し、選んだ見出しがふさわしいかどうか判断する。その根拠を考える。 ②リード・本文・写真にふさわしい見出しはどれか、選んだ見出し別のグループになってその根拠を確かめ合ったり、全体で議論したりと話し合う。 ③リード・本文・写真と見出しとの関係性をまとめる。	●写真からも選択した見出しの根拠が見つけられるよう、根拠探しのためのこれまでの視点やたくさんの場面からなぜこの場面写真なのか、何が中心なのか等、見方に気付ける助言をしたり、見方に気付けた意見を全体の場で取り上げて強調したりする。 ●書き手の意図によって、写真を加えた全ての記事要素の内容や言葉が意図的に選択されていることに気付けるように、つながりを強調した板書を心がける。
5	①力試しテストをする。（教師による採点。返却。）「秋田魁新報」2009年12月8日付け朝刊を使用） ②教師の解説を聞く。	●新聞社が決めた見出しを選べなくて得点がなくなってしまう不安を解消するために、たとえ違った見出しを選んでも、その見出しを選ぶための視点や選んだ根拠の説明が筋立っていれば得点が得られることを説明してから実施する。

4　授業記録・コメント・授業案

第1時～第4時（1／5～4／5）
日　時：2009年10月1日～10月14日
学　級：5年B組（男子18名、女子15名、計33名）
授業者：湊　弘一

(1) 第1時：単元の導入（2009年10月1日）

　導入では、これから始まる学習への関心と意欲を高め、この学習で使用する用語をおさえる。そして、つながる次時の学習への期待感を高めることが大切だ。

　そこで、自然な感じで次の点について問いかけ（口頭によるアンケート）をし、新聞を自分事として身近なものに感じられるようにした。

　①今、話題のニュースについて。②新聞に載ったことがあるか。③どんな新聞を読んでいるか。（購読しているか。）④いつ、読んでいるか。⑤毎日読んでいるか？　⑥どんな記事を読んでいるか。
　テレビ番組？　スポーツ？　四コマ漫画？　政治など社会の出来事？　事件？　勉強に関すること？　株？　面白いニュース？　投書の欄？　天気予報？　本の紹介？……読んだ後、その情報をどうしているか。うちの人と話しているか。読んだ新聞紙はどうしているか。……など。
　これらに対する回答では明るく前向きなものもあったが、そうでないものあった。それでも、新聞に関する些細な話題にも敏感に、受容的に捉えた。話題のニュースや新聞に教師が連続して質問したり、関連する

話題を添えて話したりする中で、子どもたちは自由に発言し、全員が挙手するなどして、温かい雰囲気の中、子どもたちと新聞との距離は一気に縮まっていった。次の段階に進むための機は熟した。
　いよいよ、新聞に関係する用語について学ぶ学習へ入った。

教師1　今日は新聞をみんなに持ってきているんだ、1人に1日分ずつだぞ。学校に新聞があるの知ってるよね。(全員に渡す)まずは新聞を読んでみようか。
子ども　(おのおの読む。隣の友達に興味をもった記事の情報を教えたり、相手の新聞と比べながら読んだりする子どももいる。)
教師2　新聞って楽しいでしょ。ためになるよね。
教師3　新聞の勉強をしていくけれど、新聞に関係する用語を覚えておくと説明しやすいし、理解しやすいよ。教えるからよく覚えてね。

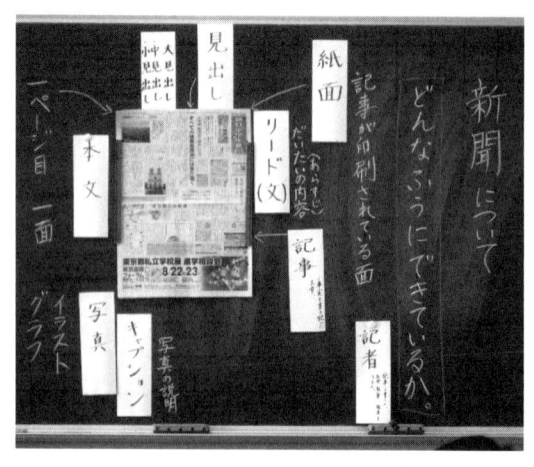

（板書　右面）〈新聞について「どんなふうにできているか」〉

2 新聞記事の秘密を解読する

(中略)

教師4 私、実は最近、面白い新聞記事を見つけたんだ。それをみんなに紹介するね。(リードと本文という文章のみを、新聞とは違った原稿の状態にしたもの。拡大印刷した文章を黒板の左面に掲示する。)

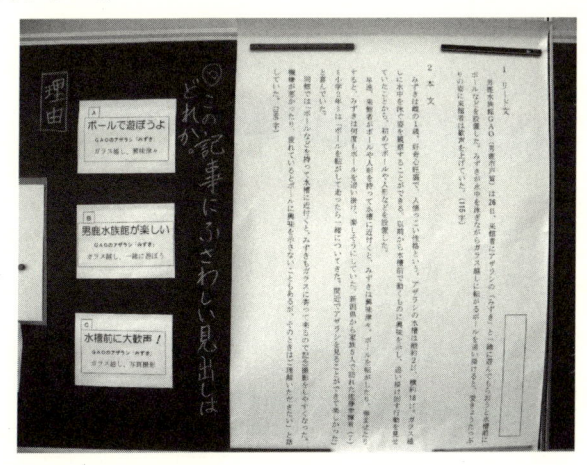

教師5 この記事には今見出しがないんだけれど、どんな見出しがいいと思う？ 次の3つの見出しのうち、どの見出しが、最もふさわしいと思いますか。(黒板に掲示した記事の原稿段階の文章と同じシートと、3つの見出しがあり、ふさわしいと考えた見出しの番号を選択して理由の書けるシートを全員に配付)(学習課題を板書)

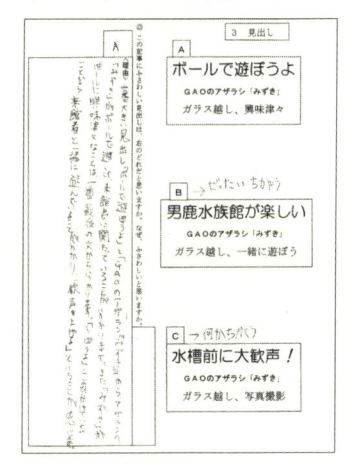

考えを書いたシート

教師6 ふさわしいと考えた理由も書

いてください。
　ふさわしいと考えた根拠となる言葉がきっとあるはずだから、それを取り上げて説明してくださいね。

　子どもたちは、一人でふさわしい見出しを考えている。理由も書いている。(自力解決)
　教師は、机間指導をしながら、根拠を見つけるためのヒントを与えたり、いくつか挙げた根拠の中から決定的な根拠を絞り込ませたりと、考えさせ、励まし、共感した。
　その後、教師は、全員に、見出しを選ぶことができたか、理由を書けたかを聞き、ABCのどれを選んだかも確かめた。どれにも挙手があった。

> **コメント1**：覚えたての用語「見出し」「リード」「本文」を使って理由を書いたり、説明したりする子どもがかなりいた。見出し選びでは、記事の中心的な内容と見出しとの関連性に気付き始めている子どもがいた。一方、読者へのインパクトという点から見出しを選んでいる子どももいた。シートの項目のよさか、全員が自分なりの答えと理由を書きまとめていた。おかげで話し合いへの準備ができた。

(2) 第2時：グループによる話し合い（2009年10月2日）
　課題解決では、結論が出るまでの試行錯誤は重要な学習となる。
　はじめに、学習課題を全員で読んで確かめた。その後、課題に対する自分の考えを、子どもたち全員がもったことを挙手で確かめた。
　そして、ふさわしい見出しにどれを選んだのか、挙手で人数を確かめた。

2 新聞記事の秘密を解読する

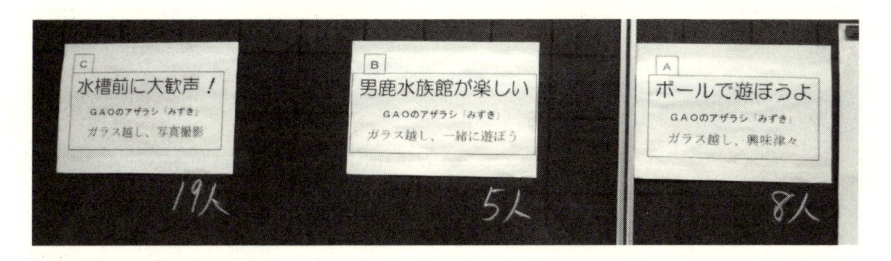

[写真:3つの見出し案]
C 水槽前に大歓声！ GAOのアザラシ「みずき」 ガラス越し、写真撮影 — 19人
B 男鹿水族館が楽しい GAOのアザラシ「みずき」 ガラス越し、一緒に遊ぼう — 5人
A ボールで遊ぼうよ GAOのアザラシ「みずき」 ガラス越し、興味津々 — 8人

今のところ、Cが圧倒的に多い。子どもたちは次のようにそれぞれ考えを書いていた。

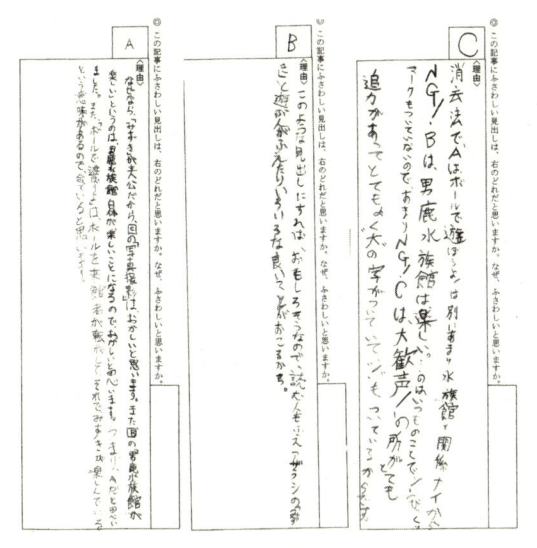

[子どもの記述 A・B・C]

初めの話し合いは、4人グループによるものである。日常の様々な場面で活用されているグループで、構成メンバーはよく打ち解けている。

話し合いの時間は5分間と設定し、延長の要求があれば、延長することを知らせた。グループで1つに結論付けることをねらうが、1つに絞れなければ、それぞれの意見について有効な根拠をまとめておくように指示した。

次は、2班の話し合いの様子である。

子ども　記事にふさわしい見出しは、ぼくはBだと思います。なぜなら、リード文の説明と〈見出しと〉を合わせて考えると、Cの〈写真撮影〉のことは書いていないし、〈興味津々〉ということも書いていません。リード文をぱっと見ただけで分かる見出しは、Bです。
子ども　はい、はい。私はCだと思います。
子ども　私もCです。
子ども　ぼくもCです。
子ども　〈写真撮影〉ということが書いていないと言いましたが、リード・本文にCの〈歓声〉や〈写真撮影〉が入っているからCだと思います。
子ども　〈愛きょうたっぷりの姿に来館者は歓声を上げていた〉は、Cの大見出しに書いてある〈水槽前に大歓声！〉にぴったりです。本文にも〈……記念撮影しやすくなった〉と書いてあるのでCだと思います。
子ども　でも、〈歓声〉があがるほど〈楽しかった〉のだし、〈楽しい〉という言葉が2つもあります。だから、Bです。……。
教師　どう？　どんな意見が出ているの？　まとまりそう？　へぇ～、そうか。その理由はいいんじゃない。本文をよく読んでいるね。見出しの言葉が本文にもあるということで、根拠になる言葉をちゃんと見つけているもんね。その言葉にはどんな役割があるのかな。（励ましたり、考えどころを示したりして机間指導した。）

2 新聞記事の秘密を解読する

> コメント2：少人数で、気心の知れた相手との話し合いは心理的圧力が少なく、失敗を怖がらずに話し出せるし、主張できた。互いに、自分の意見と根拠を主張し、納得してもらえるように熱弁する姿が見られた。その熱く議論する姿を傍らで楽しんで見ている様子も見られた。自分の考えを語る楽しさを実感できる時間、友達の考え方を楽しめる時間となり、国語好きの子どもに育っていると感じた。

後半は、各班の代表が話し合いの結果を発表した。それらを整理して板書した。その後再度、ふさわしい見出しについて挙手で確かめた。人数に変化はなかった。

> コメント3：まだ、Cの見出しがふさわしいという意見が多かった。だが、他のグループの意見をうなずいて聞き、「記事の目的」「構成とその内容」について何か発見した表情が見られ、見出しの決め方を学び合い、気付き始めている様子も感じられた。課題解決では試行錯誤も重要だ。すぐに正しい答えが出てしまうよりは、多くの可能性を考えて多様な意見や根拠を述べ合い聞き合い、結論へと導きたい。そのほうが、いろいろな考え方、その考え方の基となった視点を知ることができ、違うにしてもそのものの見方を学ぶことができるし、相手の考え方も気持ちも理解してあげることができるからだ。

(3) 第3時：全体での話し合い（2009年10月6日）
　2限目では、見出しのＢとＣについてのみ話し合いが終始し、Ａのよさに気付かず、よさを確かめないままで結論づけようとしている子どもたちも見られた。そこで、見出しが同じ人同士のグループになって考えを確かめ合い、ほかの見出しを選んだグループの人と議論した。
　学習形態は次の通りである。

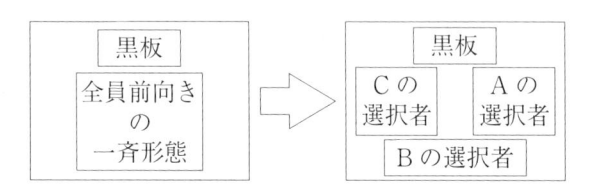

黒板		黒板	
全員前向きの一斉形態	⇒	Ｃの選択者	Ａの選択者
		Ｂの選択者	

コメント4：形態は目的に合わせる。集中させたいのは、教師なのか、学び合う仲間なのか明確にすることが大切である。

○本時の授業案〈3／5〉

①ねらい
- リード、本文にふさわしい見出しを、互いに一つの視点から根拠を読み取り、話し合って選ぶ。
- リード、本文、見出しの関係性を、書き手の主張の一貫性・つながりを考えて説明する。

②展開

時間	学習活動	教師の指導　評価
10分	①学習課題を確認し、記事を読み、選んだ見出しの根拠を再び考える。 【学習課題】 記事にふさわしい見出しはどれか。	●ふさわしい根拠・ふさわしくない根拠を深めたり広げたり発見できたりするように、個で考えた後にグループで話し合う場を設定する。たくさん根拠がでた場合は一番強い根拠を見つけ説明できるように机間指導する。
30分	②議論のための視点を見つけ、根拠を示しながら全体で話し合う。 〈視点の例〉 ①なぜ、アザラシの紹介があるのか。事典で調べれば分かることなのに。 ②なぜ佐藤君の話が載っているのか。 ③なぜお断りの文が最後にあるのか。 ④この記事の目的は何か。	●単なる多様な意見の主張にならないように、随時介入し視点（話題）を１つに絞って明示し、この視点から意見を要求するなど、話し合いを子どもたちに任せながらもコントロールする。 ●意見と根拠との論理的なつながりを確認する。 記事の言葉や内容を挙げ、表現から読み取った理由を選んだ見出しと関連付けて論理的に説明しているか。（発言、シート）
5分	③リード・本文と見出しとの関係性をまとめる。（話し合いのふり返りと感想を書く。）	●記事と見出しとのつながりが分かるように板書を心がける。 ●まとめる時の観点（書き手の意図と３者の関係、どんな読み取る力がついたか、自分の話し合う力）を提示する。

話し合いの心構えとして、話し合いは問題の解決のためであって、意見を言う人自身を責めるものではないことを中心に、人間関係が損なわれる心配がないようにアドバイスをして、話し合いを始めた。

教師1　今回は何に目を付けてこれ（見出し）がいいと言っているのか（板書の「視点」を指さしながら）それを聞き取りながら話し合いたいと思います。意見がずれてぶつからないようにしたいですね。

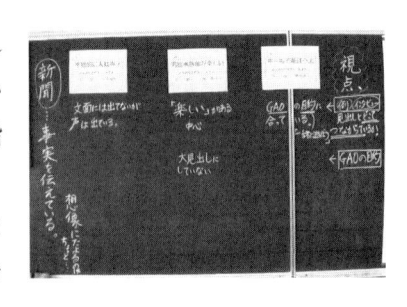

教師2　初めはこれだけは言いたいという人？　一郎さん。

子ども　（C派）ぼくはCなんですが、Bには反対です。新潟県から家族5人で訪れた佐藤幸輝君のお話ですが、最後のほう「間近で、アザラシを見ることができて楽しかった」とあります。これは「アザラシを見ることができて楽しかった」ということで、男鹿水族館全体が楽しいなんて一言も書いていないんです。後もう1つあります。それは――。

教師3　あ、ごめんごめん、それだけでまずやってみない。

> コメント5：意見の制止。視点を1つにする。視点が増えること・広がることの防止。議論の材料を「新潟県の例」に決めて話し合うためである。

教師4　この例、この新潟県の例から見出しを考えるとすると、どうかということですね。（C派の子どもの場合は）消去法で考えると、例と合っていないからBは違うんじゃないか、という意

見でした。

子ども　(A派)「みずきの水槽が楽しい」ということを言っているのに「男鹿水族館が楽しい」だと抽象的でよくないから、違うと思います。

子ども　(B派)なぜ、抽象的がいけないのでしょうか。

子ども　それは、具体的な例があるのに、抽象的にあいまいにするのがいけないのです。新聞は、あいまいはよくないと思います。

子ども　(C派)ではBの人たちに質問ですけれど、(Bの見出しでは)男鹿水族館全体のことを言っているのに、どうして記事にはアザラシのことしか書いていないのですか。それだったら、〈男鹿水族館のはたはたの卵が生まれた〉〈アザラシと遊べる〉〈おっとせいがいておもしろい〉とかいろいろあって、〈男鹿水族館が楽しい〉となっていいはずです。どうして、〈みずき〉やアザラシのことしか書いていないのに、男鹿水族館全体のことを楽しいと言えるのですか。

子ども　(B派)男鹿水族館全体のことを言ってはいないけれど、この新聞を読んでいると、家族5人で訪れて楽しんでいる様子が伝わってくるからです。そういうことを踏まえてこの見出しにしたと思います。

教師5　ちょっとごめんね。止めますね。この佐藤君の例しかないのだから、Bの「男鹿水族館が楽しい」までは言えない。だからふさわしくない、という話になっていますね。いいところに目を付けましたね。

コメント6：いい気付きを認めるために、話し合いへ介入。C派の子どもの「どうして、〈みずき〉やアザラシのことしか書いていないのに、男鹿水族館全体のことを楽しいと言えるのですか。」は、具体的事実を拡大解釈した見出しは、意味が広がりふさわしくないことを鋭く指摘している（「～しか書いていないのに～と言えるか」）。反語表現を用いたことも相まって、多くの聞き手を納得させていた。教師はすかさず見出しと例との関連性をしっかりと説明できている点を賞賛する。

教師6　今のような消去法のやり方も必要ですね……。注目されている新潟県から訪れた佐藤幸輝君の例。これが唯一出された具体例。記者が出した例です。他にも例があったはずです。例えば、ヒトデのコーナーで遊んでキャーキャー言っていましたとかね。でも実際は、この佐藤幸輝君のインタビューに答えた話だけが、文章となって載っているのです。この例が、ふさわしい見出しとどんな関係があるのか、話し合ってみましょう。例と見出しはこういう意味でつながっているという所を見つけてください。もう一度、リード・本文を読んでみましょう。そして、2分くらい話し合ってみよう。

コメント7：ヒトデのコーナーの話題もあったのに、それが記事として載らなかったことを例示して比較させることで、記者がなぜ佐藤君のインタビューを記事内容として選択したか考えさせる。（「なぜヒトデではだめなの？」もいい。）これは、根拠探しは文章（言葉）に立ち返ることでもあり、記者の目的に合った例を選んだことに気付けるよう、記事を読むことを指示した。

教師7　では、Aの人から聞いてみよう。BCの人よく聞いてくださいね。
子ども　(A派)佐藤幸輝君が「ボールを転がして走ったら一緒に〈みずき〉がついてきた」と言っています。これは、男鹿水族館が実際にお客さんにやって欲しいことを、佐藤幸輝君が実際にやっていて、それは、GAOの目的にあっているから、Aだと思います。
教師8　目的に合っているというのは、見出しではどの言葉から分かる？

> コメント8：A派の子どもは〈GAOの目的〉という視点から捉えている。その〈目的に合った例〉が〈佐藤君のインタビュー内容〉である。他派もこれには納得してのことか、反論がなかった。

　　　　(中略)

子ども　(B派)〈楽しい〉という言葉が2回出てきているので、……。
教師9　新潟県の例のところで、〈楽しい〉という言葉は2回ありますか？
子ども　いいえ。1回ですが……。
教師10　……あれ？　ここ(「早速、来館者が……(省略)。ボールを転がしたり、弾ませたりすると、みずきは何度もボールを追い掛け、楽しそうにしていた。」を指しながら)、「早速」のところからですか？
　　　　佐藤幸輝君の例のところから考えるということなのですがね……。まあ、〈早速……〉のところも例と言えば例に入るのですが……。どうでしょう？

> コメント9：佐藤君の例に焦点を当てているのに、ずれていないかを子どもに判断を迫る。教師はすぐには答えを出さない。考えさせる。

教師11 つまり、〈楽しい〉が２回あり、〈楽しさ〉が強調されているから？

子ども （B派）佐藤幸輝君のインタビューについては「楽しい」を中心に意見を言っているので、これを大見出しにしたのです。

子ども （C派）「アザラシを見ることができて楽しかった」と書いてあって、男鹿水族館が楽しいとは書いていません。

> コメント10：このC派の子どもの発言は、見出しを判断するのに有効な一言となった。それは、記事の具体的な記述を取り上げ「楽しい」は確かな事実ではあるが、「楽しい」の中味の分析にメスを入れたからである。「楽しい」のは「アザラシを見ることができて」であって、「男鹿水族館」が「楽しい」とは一言も書いていないのだ。Bの可能性を小さくする役割を果たした発言である。（〈「～で楽しい」と書いてあって、「～で楽しい」とは書いていません。〉の説明の仕方のよさにも気付かせたい。）

> コメント11：この「アザラシを見ることができて楽しかった」を基に、見出しに結び付けていく方法には次のような迫り方もある。「アザラシを見ることができて楽しかった」とあるが、〈なぜ、楽しかったの？アザラシを見ることなら今までもやっていたじゃない。違う見方ができたの？〉などと問いを重ねる。すると〈「間近で」「見」たから〉に気付き、それは「ボール」で遊んだおかげで間近にアザラシが近寄ってきたのであり、Aの見出しの適切さに気付いていける。

2　新聞記事の秘密を解読する

> **コメント12**：ところで、「早速〜」も来館者がみずきと遊んだ例。ここからアザラシ〈みずき＝動物＝来館者を迎える側〉が〈楽しそう〉ということ。その次の佐藤君の例では、アザラシとボール遊びをすることで佐藤君自身（＝来館者）が〈楽しかった〉ということ。つまり、男鹿水族館を訪れた「来館者、佐藤君」も、男鹿水族館にいる「動物、みずき」も〈楽しい〉のだから、まとめると〈男鹿水族館が楽しい〉というＢの見出しがふさわしい、という論理も生まれてくる。もしも、この意見が出ていたなら、違った学習展開になっていただろう。

　　　（中略）
　この後、Ｃの見出しの「大歓声」が適切かどうかの議論がなされた。Ｃ派からは、「ボールを転がして楽しかった」という事実から「大歓声」が想像できると主張。一方、他派からは、「物語でもないのに想像はおかしい、新聞は事実を伝えるものだ」と批判的な意見が連続して出された。事実を伝える役目としての新聞の使命を指摘されたＣ派は他派を説得し切れなかった。

　　　（中略）
教師12　ここまでで確かめますが、自分はＡ（の見出し）だと思う人？
子どもたち　えーっ。
　Ｃだとがんばっていた子どもをはじめ、かなりＡに移った。
　Ａは22人とかなり増えた。Ｂは8人に。Ｃは3人と激減である。

> **コメント13**：これまでの議論を通して子どもたちはＡの見出しのふさわしさに気付き始めていた。しかし、さらに注目すべきは話し

手の熱意が聞き手の心を動かすことである。「想像しなければならない新聞は役目を果たしていない」とのA派の子どもの強い発言や、「新聞は物語じゃない。事実を伝えています。」と普段あまり発言しない子どもまでが進んで発言。その後Cの見出しへの反論が連続して出された。C派には反論の余地がなかった。元C派の子どものふり返りには、「相手の熱心な意見を聞くとそちらに移ってしまうんだな」とあり、分かってもらおうとする思い、それを支える論理的な意見が人の心を動かすことも再確認できた。

教師13 考えが変わっても攻めないでくださいね。
子ども （A派）この前までCと言っていましたが……うすうす感じていました。〈ボールで遊ぼう〉はあざらしのみずきの言葉です。この記事は〈みずき〉について書かれていて、見出し・本文・リードが一致しています。
子ども （C派）Bは客目線です。Aは〈みずき〉だけが目立っていて、一番しっくりくるのがCです。Cは、リード文の最後に「歓声をあげていた」とあるので、大見出しと一致しています。
子ども （A派）〈目立っている〉とありますが、……〈みずき〉のことを知らせたいのです。

コメント14：見出しを〈客目線〉と指摘しているように、〈誰の立場からの言葉〉になっているかに注目して、意見が出てきた。見出しの吟味の視点として子どもたちはいいところに目を付けていた。その後、これについての議論が子どもたちの間では深まっていかなかったので、教師が〈なぜ、その立場に立ったと判断したか。根拠になる言葉とそう考えた理由を説明して。〉と突っ込んでもよかった。〈みずき〉・〈お客さん〉・〈水族館側〉のどの立場か。例えば、

> Aの〈～遊ぼうよ〉の「よ」を読み解く。〈親しみをこめて誘う気持ち（明鏡国語辞典）、実現を強く願う（広辞苑）〉。まさに子ども相手に「ボールで遊ぼう」と語りかけている感じ。来館者にとっては初耳であろう、ボールで遊ぶことのできる〈みずき〉のことが本文で長々と紹介されている。うれしいニュースである。A派の子どもの〈〈みずき〉のことを知らせたいので〉あるにつながっていくのである。

（中略）

教師14　発言を制限します。　1人3回まで。
教師15　意見がないほうは負けたということでいいですか。
子どもたち　エーッ！！

> コメント15：発言制限の意図。同じ人だけが発言という現状。ほかの人も実は話したがっている。機会を与えたい。意見を述べる楽しさは意見を述べることで実感できる。話せる人は話す人を支援する、さらに、ここぞと言う場面で発言できるようにもしたい。

子ども　（A派）なぜ、見出しがA「一緒に遊ぼうよ」かというと、リードの最初の文に「来館者にアザラシの〈みずき〉と一緒に遊んでもらおう」とあり、それが本当の目的で、それに合うのが「一緒に遊ぼうよ」だからです。
教師16　これは誰の目的ですか。
子どもたち　　男鹿水族館GAO。館の人たち。イベント。
教師17　これが一番言いたいことだからですか。
子どもたち　（A派）はい。
　　　　　（中略）

> コメント16：GAO の目的が、記者の最も伝えたいことだと、明確にした。

子ども　（C派）もしCが大見出しなら、なぜ大歓声なのかという疑問が湧いて、読者はリード文に入りやすいのではないですか。

> コメント17：読み手の関心を高めるための、見出しの表現の工夫という視点から根拠を述べた発言。実際、シートを見るとC派の多くは、見出しのインパクトを最重要視していた。つまり、どんな表現の見出しにすると「新聞を読みたくなるか」「水族館に人が多く来るか」を見出し選びの一番の判断材料にしていたのである。この意見に反論はなかった。それは、見出しの役割からすると、読み手をひきつけるために表現や言い回しを工夫したと言われれば、納得せざるを得ない意見だったからである。
> 　しかし、腑に落ちない表情をしていた子どももいた。見出しの役割とは内容を端的に表すことで、本文の内容（事実）に合っていることが第一条件でなければならないのだ。内容を伴っていない見出しは、読み手を納得させることができない。
> 　新聞作りの際の〈見出しの付け方〉についての過去の学習はある意味しっかりと定着していたと言える。それをふまえてここでは、形よりも内容が何より大切であること学ぶ機会にもできたように感じた。そうすれば、見出しの効果と同時に一段階上の大切な学びを子どもたちにもたらすことができたに違いない。

　　　　（中略）
教師18　辞書で「新聞」は、調べましたか。「新明解」で調べました

2 新聞記事の秘密を解読する

か！〈事実〉以外の言葉は、ありませんでしたか。

教師19 では、先生が調べた意味を紹介しましょう。
〈新しく聞いた話〉。漢字の通りですね。（意味を板書）。
つまり、新しい話がこの記事の中にあるということです。
次に〈新しい〉を辞典で調べます。すると、〈はじめて〉。ということは、ここに〈初めて〉のことがあるということです。

子ども （B派）「できたばかり」「はじめてのものである」という意味もある。

教師20 ということは、新聞には「はじめてのこと」が書いてある。また「はじめて」という言葉が使われてもいいということだね。どこかに書いていますか。記事の中にありますか。
（子どもたちは探している。）見つけた？　どこにある？

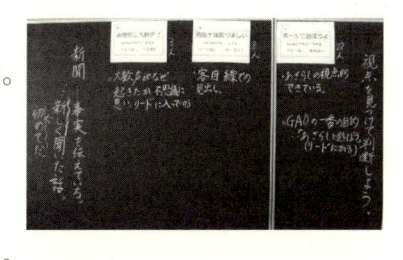

子どもたち （口々に）本文。1段落目。最後。

教師21 では読んでみてください。「はじめて」のところから。

子どもたち （音読）「はじめてボールや人形などを設置した。」

教師22 初めてやったことだから、それが強調されなければならない。そして、それをなぜ設置したのか、ということですね。そして、それが、A派の人の言ってくれた目的と関係しそうですね。

コメント18：辞典を使って「新聞」そのものの意味を問い直すところから迫った。〈新聞〉の意味は「新しく聞いた話」そこで〈新しく〉を調べると「はじめてのこと」等とある。意味の言葉について、さらに意味を調べ、「新聞」を追求。すると、「はじめて」のことは、新聞が報道する新鮮は情報であり、「はじめて〜」という部

105

分は情報の目玉といえる部分である。そこで「はじめて」という言葉を文章から探す手法を使った。

　学習が終わった後も、議論が続いた。

(4) 第4時：まとめと子どものふり返り（2009年10月14日）

　最後の学習では、記事に使われた写真を見出し選びの判断材料に加え、ふさわしい見出しを選ぶ話し合いをし、最終結論を出す。
　〈記事の作成〉という書き手の立場から考えると、書き手には〈伝えたい主張〉があり、それにふさわしい文章が意図的に表現され、ふさわしい写真が選択されるものである。
　写真を子どもたちに提示した段階で、「あーやっぱり」との声が上がった。それぞれ自分の考えをノートに書いた。その後次のような話し合いがなされた。

子ども　私はふさわしい見出しはAだと思います。なぜなら、写真には〈ボール〉で〈遊んでいる〉〈みずき〉の様子が写されているからです。Aの見出しの言葉〈ボール〉〈遊ぼうよ〉〈みずき〉と一致しています。

子ども　2枚の写真の中に写っている〈みずき〉と〈ボール〉の両方が見出しに入っているのはAだけだからです。

子ども　私もAです。それは１の写真の〈みずきの目〉が「遊んで」と言っている

       感じだから、Aの「ボールで遊ぼうよ」
       とつながってAだと思います。
子ども　写真を見るとガラス越しのボールにみず
       きが興味を示していることがわかります。
       このことから見出しの3行目の「ガラス
       越し、興味津々」というのとつじつまが
       合うと思います。だからAです。
子ども　Aです。佐藤幸輝君とみずきがボール
       と遊んでいるから、大見出しにも記事の
       例にも合うと思います。
教師　　この男の子は幸輝君かな？
子どもたち　う〜ん。違うかもしれない。どこに
       も書いていないし……。
子ども　でも、子どもが遊んでいる様子に変わりはないから、「遊ぼう
       よ」には合っていると思います。
子ども　インタビューの例がたまたま幸輝君であって、その写真の場面
       も一つの例であって、ただ一致しなかっただけで、実際にそう
       いうことがあったのには変わりはないということだと思います。
子ども　Aです。Bの男鹿水族館が楽しいというのは写真のどこからも
       読み取れないし、Cの大歓声も歓声そのものが見られないから
       です。
子ども　ぼくはBです。Cは〈水槽前に大歓声〉と言っているわりに、
       写真では1人しかいません。Bは〈男鹿水族館が楽しい〉とあ
       り、写真のアザラシのほかにも楽しいものがあり、その一部が
       〈アザラシ〉なだけです。〈ボールで遊ぼうよ〉はドッジボール
       でもハンドボールでも考えられるので違うと思います。
子ども　ぼくもBです。新聞は新しい事実をみんなに伝えるためにあり、

この記事は全て〈男鹿水族館が楽しい〉ことを伝えるためにあるのです。写真によると〈幸輝君〉も〈アザラシ〉も〈楽しそう〉だし、アザラシは特にだと思うけれど、館長さんは水族館全体を見てほしいと願っているからです。

子ども　同じくBだと思います。見出しの〈男鹿水族館が楽しい〉は宣伝しています。写真の〈みずき〉はGAOの一員だから「男鹿水族館が楽しいですよ」と宣伝しているのです。しかも、〈一緒に遊ぼう〉はGAOの目的と合っています。

子ども　わたしは、やっぱりAです。Cの見出しには〈写真撮影〉とあるけれど、その様子がありません。Bの見出しについては、写真がアザラシに限定されているので、見出しの言葉が大きすぎるというか……。写真の中心は〈みずき〉と〈ボール〉だから、Aです。

コメント19：自分の考えを書く際に「写真の中心に写っているもの、大きく写っているものは何か。」に注目すること、それはどんな印象なのかを考えることを助言した。読み手の目に一瞬で飛び込んで印象を強めるものと見出しとのつながりを考えることに意識を集中させるためである。話し合いでは、子どもたちは「写真に写っているもの・その印象」が「言葉」として存在しているか、よく観察していた。人物（動物）の表情（視線、顔の動き）も観察している子どももいた。写真の中心に現れている〈みずき〉〈ボール〉に注目した子どもの発言、さらに写真の画の中に見出しの言葉がないことについて発言した子どもの意見が、Aの根拠として強い判断基準となった。Cがいいという意見は聞かれなかった。

最終的に、ふさわしい見出しを子どもたちに聞くと、ほとんどがA

だと判断していた。その後、実際の新聞を子どもたちに提示した。

　この学習が、単なる見出しのあてっこになってはならないように、「この学習を通して学んだこと、感じたこと」を、「〈新聞とは〉〈見出しとは〉という語も入れて書いてみて！」と助言してふり返りの時間を十分とった。次のようなふり返りがあった。

ふり返り①〈子どもたちの感想から〉
a　私はAと決めていたのですが、Aのグループの人と話し合ってみると、私の考えていたのと違う理由をもつ人がいて、その人からたくさん学びました。また、CやBの人も説得力のある説明で心を動かされようとしたこともあったので、すごいなあと思いました。今回はAが正解で、改めてBとCを見てみると違うんだなあと思いました。
　→学習後に再び課題を解くことで、学びを強く実感

b　普段の物語文や説明文では筆者の言いたいこと・証拠がだいたいしか見つからないときが多かったです。でも新聞からは言いたいことや証拠を必死になって探すことができました。　→新聞の魅力を実感

c　新聞とは事実を伝えるということを学びました。見出しを選ぶときに、本文やリードに書かれている目的をポイントとして考えました。そのポイントが想像だとしたら新聞は成り立たないものだと言えます。ですから、今回は、本文やリード、写真から、言いたいことを読み取る学習ができました。　→見出し選びの視点は〈目的〉〈新事実〉

d　新聞の見出しは大切だと分かりました。いつも家で新聞を読む時に一番目に飛び込んでくるのは、やっぱり見出しなので、それが大切だと思った理由です。また一番に飛び込んでくるので何のことについて書いているのかが分かるからです。　→見出しの大切と新聞の見方

ふり返り②〈〈話し合い〉を通して学んだこと（子どものノートから）〉
a　友達のおかげで発表のチャンスをもらうことができました。

b　友達がいっぱい発表してくれたので、自分も考えをもち、発表をたくさんできました。
c　Aの見出しを選んだ人全員のおかげで、話し合いには説得する言葉だけでなく、どこから攻めるかという視点（作戦）が必要だとわかりました。
d　私は最初はCだと思ったけれど、なぜAなのかを友達から教えてもらい、自分でよく考えてみたらAだと思ったので、話し合いをしてよかったです。
e　友達に「意外といい考えもってるじゃん」と言われたので、意外と自分は考えをもっているんだなと思いました。本番に弱い（しゃべる時になかなかしゃべれない）ので、次は１回は言いたいと思いました。

> →友達から認めてもらえたことは発言の意欲の高まりと自信になっていた。

5　成果と今後の研究課題

(1) 成果と課題
①子どもたちには〔記事にふさわしい見出しを選ぶ〕という明確な目的があった。その目的達成のためには、リード・本文の内容を読み取る必要性が生まれた。そのとき必要な力は、書き手の思い（目的）は何かを見つけまとめること。つまり、なぜその事実（話題）が選ばれたのか、選ばれた事実の中心は何か、リード・本文・写真・見出しの４者に共通の要素がありその関係性を書き手の思い（目的）を視点にして明らかにすること・結び付きを確かめることであった。つまり、新

聞の編集のしかたや書き方に注意して読むという学習が成立したと考えられる。そして、教師や仲間の支援があれば、読み取っていけることが明らかになった。……何が目的で書かれているかに、目をつけて読めるようになった。

②見出しを吟味する力がついてきた。……一人一人が読み取りを基に、見出しがＡかＢかＣかの意見と根拠をもつ。そして仲間と真剣に話し合う。意見を戦わせる。見出しや記事の多様な読み取り方・つなげ方を知り、その読み取り（分析）の是非までも吟味するという高度な学習ができた。

③ますます話し合いが好きになった。授業終了後も激論していたときがあったくらいである。それは、自分の考えを述べる楽しさ・満足感、相手に気付いていない点を気付かせてあげる心地よさ、相手を納得させたいという強い思い、多様な意見を聞いて多様なものの見方・考え方に触れる楽しさ等を快く体感できたからである。

④子どもたちは、見出しは見出しとして独立しているものではなく、記事の中心内容から生み出されたものであることを再確認できた。もちろん、見出しは読み手の関心を引くものでなければならない。しかし、読み手の関心を引くことにだけに重点がおかれ中味が伴わなければ、単に客寄せの商業主義に陥ってしまう。記者は中味を大切にする内容主義者であり、読み手第一で仕事をしていることも感じてもらえたと思っている。

⑤新聞は真実を伝えている。記者の意図に合った切り取られた事実である。それを想像をさせるような伝え方をしてはいけないことを学んだ。

⑥ねらいにせまるためには、「なぜか」と根拠を明らかにしながら話し合い、思考力を高めていくことが有効である。そこでは、高め合おうとする学びの集団が形成されていく。

⑦今回の学習の続きとして、取材をして実際に記事を作る活動を単元に

組み込んでみたい。実際に見出しを決めるという場面では編集会議が開かれ、今回の学習が生かされる。理解から表現へとつながる単元になろう。

(2) 今後のメディアリテラシーの育成と新聞教材の分析の視点
①教材開発と価値ある学習課題の設定による学習の構築と実践。
　メディアリテラシーを育成するためには、単元開発をし、同時に子どもの発達段階を考慮する必要がある。新聞記事の教材分析を深め、どんな学習課題・展開ができ、どんなメディアリテラシーを育成できるか、子どもの発達に合っているのか、情報の受け手の意識や送り手の意図などを考えるなど、研究して実践を積み重ねたい。
②新聞教材の分析の視点として、次が挙げられよう。
　a 内容選択（たくさんある話題から、なぜこの内容を選んだのか）
　b 内容の軽重（記事位置、文章量、文字色、写真量、構成）
　c 正確性（信憑性）（文末表現）（用いたその言葉でよいか）
　d 表現の強調（繰り返し、文字の大きさ・色等も含め、表現技法の工夫）（なぜ、そのように表現したか）
③具体的なメディアリテラシーの系統化を図ること。

参考文献
(1)「秋田魁新報」2009年9月27日付け朝刊
(2)『平成19年度研究紀要』(2008年3月1日、秋田大学教育文化学部附属小学校)

3 描写から読み深める「やまなし」の世界
―― 6年生「やまなし」(宮沢賢治) ――

小室真紀

1 この実践で提案したいこと

(1) 難教材と言われる『やまなし』

　『やまなし』は難教材であるというイメージを多くの人がもつ。宮沢賢治の造語があったり、なぜ幻灯なのか、かにの兄弟の会話の意味は何なのか、「五月」の話だと思えば「十二月」だったり……。分からないこと、不思議なことを出したらきりがない。その実感は子どもにも起こる。それ故か、これまでの単元構想・実践例には、『やまなし』の独特な表現を味わわせながら音読させたり、宮沢賢治の生き方と照らし合わせながら読み取りをさせたり、他の賢治作品に読みを広げる読書単元としていったりするものが少なくなかった。『やまなし』という作品をきっかけにはしているものの、子どもたちに作品の魅力を外側からしか触れさせていないように感じられた。決して、それらの指導を否定しようということではない。しかし、難教材と言われる『やまなし』にどっぷり浸かり、その作品自体の魅力を一つでも解き明かせたらと思う気持ちが強くあった。

　難教材と言われながらも長い間にわたり教科書教材として掲載され続けてきている『やまなし』である。一筋縄ではいかぬ難教材であるからこそ味わうことができる読み手としての魅力、一つずつ紐解くかのような実感を味わえる指導する側としての魅力。教材研究するたびに新しい発見ができる『やまなし』の魅力を子どもたちと共に授業で味わっていきたいと考えた。

(2) 描写を意識する

　一見その時の状態をそのまま述べているかに見える表現であっても、描写は、その物語で起こっている多くの事柄から切り取られた部分であったり、その人物の目が選択した部分であったりする。その意味で描写はその人物の心の目が切り取ったものとも言える。だからこそ、似たような言い方でも、「場面が違うとちょっと違った言い方をしている」というような微妙な表現の差異にも着目できる子どもを育てたいと考えている。

　たとえば、突然起こったかわせみの出来事には「居すくまり」、やまなしが落ちてきた出来事には「首をすくめ」たかにの兄弟たちである。同じ外からの到来であるが、身動き一つとることもできなかったかわせみの時とは異なり、やまなしの時はやまなしが落ちてきたことに驚き、首をすくめる程度である。かにの兄弟たちはやまなしに対し、自分たちが死ぬことはないと分かっているから、必要以上に騒ぎ立てることもない。「居すくまる」「首をすくめ」の比較から、かにの兄弟が感じる恐怖の度合いの違いに着目することをきっかけとし、両者の出現にどんな意味の違いがあるのかを探っていくことは、読みを深める切り口となっていく。

　今回は、「かわせみ」と「やまなし」がそれぞれ川底に到来する場面の描写を洗い出し、その描写が意味するものを探っていく学習を核に据えた。更に「かわせみ」と「やまなし」を比較したときに見える二つの関係性に気付きをもった子どもたちは、「なぜ『五月』と『十二月』という二つの幻灯を『私』が提示したのか」という学びの方向に向かっていくだろうと考えた。

　新学習指導要領には下記のような記述がある。（下線、番号は筆者）
「C読むこと」（内容）指導事項エ（第5学年及び第6学年）
①登場人物の相互関係や心情、場面についての描写をとらえ、②優れた叙述について自分の考えをまとめること。

人物描写からその人物の形象や心情を捉えたり、そこから突き進めて人物のものの見方・考え方にまで及んだ読みをすることは、子どもたちの学びにとって重要な位置を占める。それは、人物描写と情景描写とを関連付けるような豊かな読みにもつながっていく。

(3) 象徴性を読む

六年生にもなると「この作品は何を私たちに伝えたかったのか」という主題を意識した問題づくりをする子どもたちが多い。『やまなし』では、作品の構造自体にそのしかけが仕組まれている。この作品は「五月」と「十二月」の青い二枚の幻灯を「私」が提示するという額縁構造である。「かわせみ」は命を奪うもの、「やまなし」は命を奪われるものというように、生命の姿を対照的に表現した作品である。「五月」と「十二月」でかにの兄弟たちはどんな成長をしているのかを読み取っていったのちに、作品を外側から見ている「私」とその向こう側にいるはずの虚構の作者の存在を意識した読みを展開させていく。すると自ずから作品を俯瞰した読みをせざるを得ない状況が作られる。

「私」にとって、「やまなし」と「かわせみ」は、どんな違いがあるのか。それを解読するためには、「五月」と「十二月」に登場する「かわせみ」や「やまなし」の描写から洗い出される豊かな形象を比較しながら、総合的な読みに発展させていくことが求められる。具体的に読んできた形象にはどんな共通性や対照性があり、そこからどんな抽象的な読みがあぶり出されるか。それが象徴性を読むことにつながる。それは題名読みをしていくことにもつながっていく。作品を豊かに読み味わう手法の中の一つとして、象徴性を読むことを子どもたちに教えてもいい時期であり、『やまなし』はそれにふさわしい教材であると考えている。

これらの学習は、先に引用した学習指導要領の本文の②に相当してくる。幻灯を提示した「私」の意図にふれた話し合いが、単元をまとめる

学習作文へつながっていく。友達と考えを積み重ねてきたことを根っこにしながら、自分の考える作品の主題を自分の言葉でまとめていく。その際、決して作品の言葉から離れたものであってはならないのは言うまでもない。

2 教材紹介と教材研究

> やまなし
>
> 宮沢賢治
>
> 小さな谷川の底を写した、二枚の青い幻灯です。
>
> 一　五月
>
> 二ひきのかにの子どもらが、青白い水の底で話していました。
> A「クラムボンは　笑ったよ。」
> B「クラムボンは　かぷかぷ笑ったよ。」
> A「クラムボンは　はねて笑ったよ。」
> B「クラムボンは　かぷかぷ笑ったよ。」
> 上の方や横の方は、青く暗く鋼のように見えます。その　なめらかな天井を、つぶつぶ暗いあわが流れていきます。
> A「クラムボンは　笑っていたよ。」
> B「クラムボンは　かぷかぷ笑ったよ。」
> A「それなら、なぜクラムボンは　笑ったの。」
> B「知らない。」

（1）「二枚」について
　この二枚の幻灯を提示しているのは「私」という虚構の作者である。「五

月」と「十二月」の世界を切り取ったのも「私」であり、川底の世界から少し距離をおき、ふたつの対照的な世界を語っているのも「私」である。
　「五月」と「十二月」、二つの季節を切り取った幻灯という形で物語は作られている。「小さな谷川の底を写した、二枚の青い幻灯です。」「私の幻灯はこれでおしまいであります。」それぞれの文が「五月」と「十二月」の幻灯を挟み、額縁構造となっている。

(2) かにの兄弟の会話について

> どっちが兄？　どっちが弟？

　子どもたちが兄と弟それぞれの人物像を探っていこうとしたとき、私は「役割読みをしていこう。」と投げかける。「この列は兄、この列は弟ね。」いざ、始めてみるものの混乱の声が上がる。「どっちが兄？どっちが弟？」と口々に言う子どもたちである。
　教材文に記号をつけてみる。どちらが兄でどちらが弟なのか。次のことが見えてくる。
- Aは「はねて」と、笑い方を具体的な言い方で表現している。
- Bは「かぷかぷ」という擬態語、擬音語を用いた表現をしている。
- Bは三回とも同じ言葉の連続である。
- 何度も同じ言葉で繰り返してくるBに対して、Aは「それなら」と少し威圧的な言い方をしている。
- Bは説明がつかず「知らない」と言い切る。

　Aに比べてBからは無邪気さ、幼さ、負けず嫌いな面が見えてくる。AはBに対して更に別の言葉を付け加えたり、その真意にふれるような問いかけをしている。よって、Aは兄、Bは弟と予想される。また、この会話から、かにの兄弟は「クラムボン」のことを少なからず知っていることが分かる。

「クラムボン」は宮沢賢治の造語である。「クラムボン」の正体を特定していくような読み自体はあまり意味をなさないが、「かにの兄弟にとって『クラムボン』はどのように見えたのか」を探っていくことは意味がある。かにの兄弟の目に重なって語られる「クラムボン」にかかわる表現に着目することで、かにの兄弟の人物像が見えてくる。「笑った」「かぷかぷ」「はねて」という表現、「ボン」という響きからもクラムボンが躍動的で、明るく楽し気な存在という認識をかにの兄弟がもっていることも分かってくる。そして、「クラムボン」のことについて会話をしている「かにの子どもらも、ぽつぽつと続けて五、六つぶあわをはき出しました」と続く。「も」という類似した事柄を列挙するときに用いる副助詞から、「つぶつぶ流れてい」くあわを見て自分たちもあわをはいて楽しむ無邪気な姿を読み取ることが出来る。ここからも、かにの兄弟の幼さも感じる。
　さらに読み進めてくると、次の部分にかかわって兄さんのかにが、

　つうと銀の色の腹をひるがえして、一ぴきの魚が頭の上を過ぎていきました。
　Ａ「クラムボンは　死んだよ。」
　Ｂ「クラムボンは　殺されたよ。」
　Ａ「クラムボンは　死んでしまったよ……。」
　Ｂ「殺されたよ。」
　Ａ「それなら、なぜ殺された。」
　兄さんのかには、その右側の四本の足の中の二本を、弟の平べったい頭にのせながら言いました。
　Ｂ「分からない。」
　魚がまたつうともどって、下の方へ行きました。
　Ｂ「笑った。」
　Ａ「クラムボンは　笑ったよ。」
　にわかにぱっと明るくなり、日光の黄金は夢のように水の中に降ってきました。

「その右側の四本の足の中の二本を、弟の平べったい頭にのせながら」と言った言葉は、直前の「それなら、なぜ殺された。」なのか、直後の「分からない。」なのか、という疑問が子どもたちから出てくる。そこさえ分かれば、兄と弟の会話の見分けがつくと言うのだ。これに関しては、段落に着目すると解決の糸口になる。「兄さんのかには、その右側の四本の足の中の二本を、弟の平べったい頭にのせながら言いました。」は、「それなら、なぜ殺された。」の段落内であることから「それなら、なぜ殺された。」は、兄の会話となると考えてよいだろう。もし、兄が「分からない。」と言ったのであれば「兄さんのかには、その右側の……」から段落を改めてもよいだろう。

そこから、新たな問題が出てくる。

> 兄は、どんなことを思いながら弟の頭に足をのせていたのか。

- 弟の同じような質問内容の繰り返しに対してしつこいと感じた。
- 分かったようなことを言うなという兄としての権威をかざした。
- 「死んだ」という表現は、その状態を表すだけだが、「殺された」という表現には加害者が伴う。よって、弟の言葉にことの重大さを感じ、恐怖感をもった。

いずれも、かにの兄弟の人物像に触れることに通じていく。これらの話し合いを重ねていくうちに、子どもたちはＡが兄で、Ｂが弟とする考えに落ち着く。しかし、音読の仕方を変えたりすると逆の可能性もあるという子どもも出てくる。「それなら、なぜ殺された。」と弟が兄に素朴に質問しているという読み方である。その可能性も全く否定はできない。

ＡとＢがどちらが兄で弟なのか。これを話し合いながら、どちらの考え方も一貫性がみられるのならばその考えを十分に認めていく。そこ

から何が読めてくるのかが重要である。
- 笑ったのかどうかを言い争うほどどちらも幼く、経験が乏しい。
- 好奇心が旺盛で、何でも知りたがる幼さがある。
- 兄は弟に対して説明がうまくいかず、そのいらだちの感情をうまくコントロールできずにいるくらい幼い。
- 兄は弟の言葉に真意を感じ、恐れている可能性がある。

(3) かにの兄弟の恐怖について

「二ひきはまるで声も出ず、居すくまってしまいました。」
「どうしたい。ぶるぶるふるえているじゃないか。」

かにの兄弟の恐怖は相当であっただろう。恐ろしさゆえ、その場から動くことも声を出すこともできない。父さんのかにから話しかけられて初めて我を取り戻す。

「五月」の場面で、かにの子どもたちが抱いた恐怖にふれる問題を子どもたちは、次のように作った。
- お父さんが「おれたちはかまわないんだから。」と言っているにもかかわらず、弟のかには「こわいよ、お父さん。」と言っているのはなぜか。
- お父さんは、なぜかばの花びらの話にすり替えたのか。

いずれを探るにしても、かにの兄弟が「二ひきはまるで声も出ず、居すくまって」しまうほどの恐怖の原因を追求する必要性がある。

> かにの兄弟は何を怖がっているのか。

子どもたちからは、次の5つがあがった。
①かわせみ ②消えた魚 ③こわい所 ④死ぬこと ⑤かばの花びら
①のかわせみの到来がきっかけになっていることは言うまでもない。

3 描写から読み深める「やまなし」の世界

　たとえば「青光りのまるでぎらぎらする鉄砲だまのようなもの」という描写は、かにの兄弟の目に重なるかたちで語られている。「ぎらぎら」というどこか不気味なけばけばしさや見ているものを威圧するような光り方は、「青光り」を更に強調した人を寄せ付けない恐怖さえ感じさせる。だからこそ、かわせみの描写を抜き出していくことで、初めて見るかわせみが、かにの兄弟にとってどれほどの恐怖だったのかを読み取ることができる。「かわせみ」の描写を抜き出し、そこからどんなことが読めるのか、どんなことを意味付けることができるのかを次頁のようにまとめてみた。

　そのときです。にわかに天井に白いあわが立って、青光りのまるでぎらぎらする鉄砲だまのようなものが、いきなり飛びこんできました。
　兄さんのかにには、はっきりとその青いものの先が、コンパスのように黒くとがっているのも見ました。と思ううちに、魚の白い腹がぎらっと光って一ぺんひるがえり、上の方へ上ったようでしたが、それっきりもう青いものも魚の形も見えず、光の黄金のあみはゆらゆらゆれ、あわはつぶつぶ流れました。二ひきはまるで声も出ず、居すくまってしまいました。
　お父さんのかにが出てきました。
「どうしたい。ぶるぶるふるえているじゃないか。」
「お父さん、今、おかしなものが来たよ。」
「どんなもんだ。」
「青くてね、光るんだよ。はじが、こんなに黒くとがってるの。それが来たら、お魚が上へ上っていったよ。」
「そいつの目が赤かったかい。」
「分からない。」
「ふうん。しかし、そいつは鳥だよ。かわせみというんだ。だいじょうぶだ、安心しろ。おれたちはかまわないんだから。」

描　写	意味付けられること
①「鉄砲だまのようなもの」	→小さい
②「青いものの先」「コンパスのように黒くとがって」	→鋭利、刺すというイメージ
③「黒く」「それっきり形も見えず」	→悪
④「ぎらぎらする鉄砲だま」「青光り」	→目を強く刺激するけばけばしさ
⑤「鉄砲だまのよう」「いきなり飛びこんできました」	→一瞬の速さ

　「おれたちにかまわない」とお父さんが言っているにもかかわらず、かにの兄弟は目の前から消えた魚がどこへいったのかが気になっている。まだその恐怖が消え去らない中で、「こわい所へ行った」とさらに恐怖をかき立てるようなお父さんの説明は、兄弟にとってさぞかし強烈なインパクトをもっていたに違いない。「お父さんが言っている『こわい所』とは何をさすのだろうか」を問うことで、今まで動いていたものが目の前から跡形もなく消え去ることの不気味さ、死ぬこと・殺されることのあてどない怖さを、かにの兄弟たちが強く感じているであろうことを、子どもたちに想像させることができる。

　しかし、かばの花びらの読みについては子どもたちの多くが戸惑う。兄が「こわいよ、お父さん」と言った後に、お父さんが、かばの花が流れてきたことを心配するなと言う。そして「あわといっしょに、白いかばの花びらが、天井をたくさんすべってきました。」という描写の直後に「こわいよ、お父さん。」と弟が言う。だから、兄と弟にとってその「かばの花びら」のもつ意味は少し差があると子どもたちは話し始める。

　「かわせみと魚の出来事と、かばの花びらが『たくさん天井をすべっ

3 描写から読み深める「やまなし」の世界

て』いることが弟にはイメージとして重なっていたのではないか。」「白という色が葬式や死を連想させる。」「すべっていくかばの花の動きが、どこか自分とは少しかけ離れたところで、淡々と物事が行われているような冷たい感じをうける。」「まだ幼い弟にはかばの花びらの形がいなくなった魚の形に見え、恐怖が増幅したのだ。」——などの読み取りが子どもたちから出てくる。

　きれいな花びらに気を向けながら「心配するな」と言うお父さんの言葉が、逆効果となってしまったのだろう。「五月」では、奪われる死というものを知り、強烈な印象がかにの兄弟の記憶に残る。

(4)「十二月」になって何が変わったのか〜かにの兄弟の会話から〜

　単に知識を張り合っていた「五月」に比べると、「十二月」からは兄弟の人物像、関係性の発展が読める。

「やっぱり、ぼくのあわは大きいね。」
「兄さん、わざと大きくはいてるんだい。ぼくだって、わざとならもっと大きくはけるよ。」
「はいてごらん。おや、たったそれきりだろう。いいかい、兄さんがはくから見ておいで。そら、ね、大きいだろう。」
「大きかないや、おんなじだい。」
「近くだから、自分が大きく見えるんだよ。そんならいっしょにはいてみよう。いいかい、そら。」
「やっぱりぼくのほう、大きいよ。」
「だめだい、そんなにのび上がっては。」
また、お父さんのかにが出てきました。
「もうねろねろ。おそいぞ。あしたイサドへ連れていかんぞ。」
「本当かい。じゃ、もう一つはくよ。」
「お父さん、ぼくたちのあわ、どっち大きいの。」
「それは兄さんのほうだろう。」
「そうじゃないよ。ぼくのほう、大きいんだよ。」

何度もあわの大きさを比べていたのだろう。何度やっても「やっぱり」兄の方が大きい。「やっぱり」という言い方から、兄の弟に対する余裕も感じさせられる。「はいてごらん」「いいかい…みておいで」「本当かい」からも年上としての権威的な感じだけではなく、対等に応対していた「五月」よりも冷静に対応している余裕が伺える。弟も兄を「兄さん」と呼んでいる。これも兄弟の成長である。互いの会話から語彙が増えていることも分かる。「近くだから……」などと、なぜそう見えるのかという根拠を説明しようとしているところも成長の姿である。
　そして、何よりも外から入ってきたものに対しての行動が異なっている。
　かわせみが入ってきたときの「五月」は「居すくまって」動けなかったかにの兄弟も、やまなしが川底に入ってきた「十二月」では「首をすくめ」る程度になっている。ここから、外から入ってきたものに対する恐怖の度合いが大きく異なっていることに注目したい。「五月」から「十二月」の半年の間にいろいろな生死を見たり、経験したりしたことで、さまざまなことを「知る」という成長があったのだろう。

(5) やまなしの到来をかにの兄弟はどう見たか〜やまなしの描写から〜

描　写	意味付けられること
①「黒い丸い大きなもの」	→大きい
②「円いかげ」「丸い」	→まるみ
③「よく熟して」「いいにおい」「おいしそう」	→ちょうどいい時期　食べ頃
④「きらきらと」「黄金のぶち」	→輝き　美しさ
⑤「ぽかぽか」	→ゆっくり

「ずうとしずんでまた上へ上って」→目で追うことができるくらい
⑥「トブン」　　　　　　　　　→重み
「横になって木の枝にひっかかって」
⑦「ひとりでにおいしいお酒になる」→自然に

　①～⑤は、それぞれが「かわせみ」の描写に対応しつつ、同時に対照的関係であることが分かる。また、やまなしの「ぽかぽか」や「トブン」などの擬音語・擬態語の表現から、どこか穏やかなあたたかさやほのぼのとした雰囲気が強調される。
　「五月」に登場した魚やかわせみが、命を奪い、奪われるという意図して行われた出来事であるのに対して、「十二月」では寿命がきたやまなしから、かにの親子が栄養をいただくという出来事に変わっている。やまなしは、川底に落ち、お酒という新しい姿となる。「かわせみ」が他者の命を奪うものであるのに対して、「やまなし」は何も奪わないだけでなく、喜びや生きるための糧を与えてくれるという決定的な違いがある。弱肉強食の世界と豊穣な世界。両極端な世界をかにの兄弟は知るのである。あるがままに生きる中で、やまなしの命の在り方から豊かな命の在り方を考えさせられる。

3　単元計画

(1) 単元名
　6年生　描写から読み深める「やまなし」の世界

(2) 単元の目標
　①人物や情景の描写の中に課題性を見いだし、かにの兄弟がどのように変容したかを読み取ろうとする。

②「五月」と「十二月」を比較し、人物描写から読み取ったものの見方・考え方の変容を情景描写と関連付けて読み取ることができる。
③比喩や擬音語、色彩語、人物の語り方の特徴に着目し、想像豊かに場面の情景を想起することができる。

(3) 単元の構想（総時数 11 時間）

時	学習活動	教師の主な指導
1 2	①作品を読み、意味の分からない語句や読み方の分からない語句について確認し、音読する。	●内容をおおむね把握した上で読み深めていくことができるように意味が分からない語句や宮沢賢治の造語にについて理解する場を設定する。
3 4	②登場人物や場面設定について理解し、作品構造の特徴をふまえて課題づくりをする。	●かにの兄弟の会話から人物像を明確にすることができるように使われている言葉の象徴性や語彙の傾向などに着目した発言を取り上げていく。 ●「五月」と「十二月」の対比に着目した課題づくりへと方向付けできるように、作品の額縁構造に着目した課題づくりができている例を称揚する。
5 6	【学習課題】 かにの兄弟が「五月」と「十二月」で変化したところを見つけよう。	●魚やかわせみ、やまなしの象徴性の比較から、それらが意味することを考えることができように、それぞれの描写の特徴を比較する話し合いの場を設ける。

3 描写から読み深める「やまなし」の世界

7 8 9 (本時) 10	③人物描写と情景描写が意味するものを考え、物語の構成とかかわらせながら人物のものの見方・考え方について話し合う。	●かにの兄弟が「五月」から「十二月」で大きく変化していることに気付くことができるように、それぞれの人物描写を比較し、そこから分かることを整理立てていく。 ●情景描写が人物描写の変容を象徴していることに気付くことができるように、比喩や擬音語、色彩語に着目しながら「五月」と「十二月」を類比したり、対比したりする。 ●価値ある課題に対して話し合いが深まっていくように、個別に追求する場を軸としながら、個の考えが生きる小グループでの解釈のすり合わせの場を保障したり、解釈の差異に焦点を当てた全体の話し合いの場を設けたりしていく。
11	④読み取ったことをまとめ、学習作文を書く。	●テーマ性をもってまとめることができるように、今までの学習を総合的に捉えて書くよう助言する。

4 授業案と授業記録

第9時（9／11）
日　　時：2009年6月12日（金）10時50分〜11時35分
学　　級：6年A組（男子14名、女子19名、計33名）
授業者：小室真紀

(1) 本時の授業案
① ねらい
〈やまなし〉と〈かわせみ〉それぞれが登場する描写を比較し、川底に落ちてきた〈やまなし〉の姿から「他の糧となって自らを捧げる死」という〈やまなし〉の象徴性につなげた読みをすることができる。

②展開

時間	学習活動	教師の指導　評価
15分	①学習課題の意味を確認し課題に対する考えを話し合う。 やまなしの後をすぐ追っていったのはなぜか。	●やまなしとかわせみの登場の描写に着目した比較ができるように、かわせみのときは〈居すくまり〉やまなしのときは〈首をすくめ〉たことから、かにの兄弟たちの恐怖の度合いが違うことを読みのきっかけにしていく。 ●父さんの説明から、かわせみではなかったことを知り、安心感をもったことをおさえる。しかし、父さんはかわせみが登場した時も同じように

3 描写から読み深める「やまなし」の世界

25分	②かわせみとやまなしの登場の仕方について比較・検討する。	説明はしっかりしている。それにも関わらず五月は恐怖が収まらず、十二月はすぐやまなしを追いかけたことの違いに着目させていく。

かにの兄弟にとって、かわせみとやまなしにどんな違いがあるだろうか。

	描 写
やまなし	●トブン ●黒い丸い大きなもの ●ずうっとしずんでまた上へ ●きらきらっと黄金のぶち ●月明かりの水
かわせみ	●青光り ●まるでぎらぎらする鉄砲だま ●青いものの先がコンパスのように黒くとがって ●魚の白い腹がぎらっと光って

●かわせみとやまなしが登場するときの描写をそれぞれ抜き出した上で、それぞれの描写が意味するものを読み、そこからどんな相違が見えてくるのかを問い、焦点化していく。
　やまなしが落ちてくる音の響きや速度の表現からはかにの兄弟が目で追うことのできる緩やかな時間の経過を感じる。また、色彩も鮮やかで重みのある輝きがある。それに比較し、かわせみは侵入する速さや鋭利な感じが際立っている。

●やまなしが川底に落ちていく時の描写と情景描写が重なって表現されていることで、やまなしの命の在り方が強調されていることに気付かせたい。
　〈波は青いほのおをあげ〉〈水はサラサラ〉〈月光のにじがもかもかと〉〈金剛石の粉をはいているよう〉

●かにの兄弟にとって、かわせみと魚は、命を奪い・奪われる関係としての突然の出来事である。かにの兄弟

5分	③課題に対する考えをまとめる。	の目の前で、魚がいなくなるという事実から、死に対して、「恐れ」の感情しか抱いていなかった。それに対してやまなしの姿から「形を変え、誰かの糧となって自らを捧げる死」があることをかにの兄弟は新しい経験として知る。それぞれの在り方の相違点を一般化した言葉でまとめることができるような問いかけをしていく。 ● 解釈の微妙な差異を自覚して話し合うことができるように、個の考えを小集団で吟味したり、全体で議論したりできる場を柔軟に設定する。 やまなしとかわせみを比較し、新しい命の在り方を知ったかにの兄弟の発見に気付き、会話文や描写と関係付けながら〈やまなし〉が意味することをまとめることができる。〈C－33〉（発言、ノート）

(2) 授業記録とコメント
①本時の学習問題の確認

　個人で出した21個の問題から、みんなで話し合っていく価値のある問題はどれかを絞り込み、13個の問題が残った。

3 描写から読み深める「やまなし」の世界

【残っている問題のボードを見ながら、今日、解決していけそうな問題をみんなで決定する。】

> かにの兄弟にとってやまなしとかわせみは、どんな意味の違いがあるか。

【かにの兄弟にとってどのような違いがあったのかを聞くと、かわせみのときは「居すくまり」何も動けない兄弟だったのに、やまなしのときは「首をすくめる」だけで外からはいってきたものに対しての恐怖の度合いが小さくなっていることを確認】

教師1 この問題を探っていくためにどうやって解決していきますか。
子ども 最初に、やまなしの描写を出していく。そしてそれがどんな意

　　　　味をもつのか考えていく。それからかわせみと比べる。（そう
　　　　そう）
教師２　分かりました。みんなだったら何番から見ていくの。
子ども　（⑥番）やまなしが川底に入ってきたときから。
教師３　そうだね。では、やまなしの描写にどんどん線を引いていきま
　　　　しょう。２分。スタート。

> **コメント１**：単に教師からの問題提起ではなく、子ども自身が作っ
> た問題から読みの深まる問題解決の糸口を発見させていく。①問題
> を作成　②価値ある問題の精選　③学習計画――学習の見通しをも
> つこれらの３つは、経験を重ねていくうちに慣れ、子ども同士でで
> きるようになる。しかし、回数を重ねることばかりに頼っていては
> その力を獲得はできない。問題を作るときにどんな言葉に着目した
> らよいのかを、子どもたちが分かるようになるまで教師が随時指導
> していくことを怠らないことが大切である。

②「やまなし」の描写を抜き出す

子ども　黙々と線を引き始める。
教師４　何個見つけたか教えてちょうだい。４個以上あると凄いねえ。
子ども　（えっ、結構あったよ。ねえ。）
教師５　じゃあ、何個見つけたのか聞くよ。１つ、２つ……。
子ども　３つと４つに数名、５つに多数、６つに７人。
教師６　３つが一番少なかったようだから、そこから聞きましょう。
子ども　いいにおい。（そうそう）
子ども　黒い丸い大きなもの。（そう、いいね）
子ども　トブン。（そうそう）
子ども　いいにおい。（そうそう）

3 描写から読み深める「やまなし」の世界

子ども 　円い。(そう、漢字の表記が違う)
子ども 　ぽかぽか流れていく。(そうそう、同じ)(まだあるよね)
子ども 　よく熟している。(そう)(まだまだ)
子ども 　きらきらっと黄金のぶち。(そう、ぎらぎらじゃない)
子ども 　かわせみだ。(ああ)(えっ)
教師7 　これもなの。
子ども 　(えっ、だって)(やまなしの描写？)
教師8 　ちょと多重放送だね。○○さん話してごらん。
子ども 　かにの兄弟たちがかわせみだと思ったんだけれど、お父さんがよく見たら、やまなしだったという意味で入れました。
子ども 　かにの兄弟にとってどう見えたか。(そういうことか)
教師9 　かにの兄弟にとってどう見えたか。どう思ったか。それが言葉になって表れたということね。(そうそう)まだありますか。
子ども 　ずうっとしずんでまた上へ。(ああ、そっか)
子ども 　ひとりでにおいしいお酒ができる。(そうそう)
子ども 　おいしそう。(そうだ)(笑いが起こる)
子ども 　横になって木の枝にひっかかる。(ああ、そうか)
子ども 　ついていってみよう。
教師10 　これはどう。
子ども 　父さんの台詞。
教師11 　これはやまなしの描写に入るの。それとも……。
子ども 　やまなしが流れていく描写に入れてもいいんじゃない。
子ども 　ぽかぽか流れていくに入れたらどう。(そうだね)

コメント2：描写のおさえを行った。「五月」の読み取りの際は、【かわせみが入ってきた時の恐怖はどれだけだったのか】という問題に即した描写の抜き出しとなった。「五月」に対して「十二月」では、【なぜ「首をすくめる」程度ですんだのか】【恐怖の度合いが小さくなっているのはなぜか】という問題をひっかかりとし「やまなし」の描写を抜き出し合った。

③抜き出した「やまなし」の描写からどんなことが読めるのか

教師12　分かりました。では、黒板を見てください。たくさん見つけましたね。凄い。
　　　　そして、次はどうするの。
子ども　グループに分ける。（う〜ん）
子ども　それぞれの意味を考える。（そうだ）（かわせみの時もそう）
教師13　かわせみのときの学習と同じように考えていくとよさそうなんだね。では、さっそくやっていきましょう。どこからでもいいですよ。
子ども　（トブンという子どもが多い）
教師14　トブンからいきますか。
子ども　（落ちてきた感じ）
教師15　みんなが言う、川の中に落ちてきた感じに間違いはないね。すると、どんな落ち方って言えるの。
子ども　ドブンじゃない。トブンだから……。（少し口ごもる）
教師16　じゃあ、ドブンとトブンを比べてみようか。
子ども　トブンはドブンよりは軽い感じだな。（そうそう）（でも凄

〈軽い？〉
教師17　近くの人と相談してみましょう。
　　　　近くの4人で話し合いを始める。(1分)
教師18　では、出たことを教えてください。そこら辺ではどんなことが出たの。
子ども　ドブンは、濁点が多いから重い感じだけど、トブンは濁点が少ない分、軽さがあります。
教師19　なるほどトブンは軽い感じなのね。
子ども　(そんなに軽いっていう感じでもないんだよな…)
子ども　そんなに軽ければ落ちた描写はしないと思う。「黒く大きなもの」って書いてあるし、重みは十分あったと思う。ただドブンっていうほどじゃない。
子ども　かにとっては大きなものなんだよね。
教師20　私のイメージはみんなと同じかな。やまなしは、とても軽い。
子ども　(とてもっていうほどじゃない) かにとっては大きい。人間にとっては小さい。
教師21　今追っているのはかにの兄弟にとってだから、そこは考えなきゃいけないんだね。ドブンほどじゃないけれど、重みがある。そっか。おもしろい表現だね。トブンなって普通使ったりする？
子ども　(いや使わない) ポチャンだったら使うかな。(笑いが起こる)
教師22　これまたポチャンとはどう違うの。
子ども　トブンよりは軽くて、水を弾くかんじがあるかな。
子ども　やっぱりトブンにはある程度の重みを感じます。(そうそう)
教師23　「重み」なるほどね。続いていきましょう。あとはどんな意味付けができそうですか。
子ども　(丸い……と口々に言う) 丸いからまるいということ。(そのま

んまだと笑い）
教師24 　丸いからまるいかあ。そっか。「丸い」は前にも気になっていたんだよね。
子ども 　〇〇君が言っていたことだ。（そうそう）
教師25 　〇〇君話してごらん。
子ども 　「円い」は平面の意味で、「丸い」は立体の意味でした。
　　　　　（その場面を探す）（「五月」のところだ）
子ども 　「お口を丸くして」というところだ。
教師26 　〇〇さん、その時はどう意味付けしたのかな。
子ども 　ちょっと、見つからない。ううん……。（周りでも一緒に探している）
子ども 　お口を立体の丸の形にしてという意味だったよね。
教師27 　そうね。「丸い」と「円い」では平面と立体との違いの意味付けをしましたね。ただ、「まるい」という音の響きは一緒なのよね。この「まるい」という響きは繰り返されていることになるね。
子ども 　あった。「12月」のところにありました。（一斉に笑いが起こる）
教師28 　そうそう。さっきからその「12月」とどこが比較できるのかを探っていたのよ。よかった、一緒の気持ちになれて。
子ども 　（ほっとした笑いが起こる）
子ども 　このやまなしは、まだ青みがかっているんじゃない。だから「もう二日ばかりまつ」んじゃないの。
子ども 　やまなしの実になってからしばらくたっているんじゃないの。
子ども 　しばらくたっていても腐ってはいない。しばらくというよりは、ちょうどいいんじゃない。
教師29 　そうか。ちょうどいい時期の状態っていうことなのね。

子ども　だって「よく熟している」って⑫番に書いてある。
教師30　そんなふうに「ちょうどいい時期」という意味付けできそうな根拠はまだあるの。
子ども　（あるある）⑨番に「やまなしのいいにおいでいっぱいでした」とあります。
子ども　⑧番に「ああ、いいにおいだ」とお父さんのかにも言っているしね。
子ども　⑫番に「おいしそうだね、お父さん」と子どもも言っている。
子ども　⑦番に「きらきらっと黄金のぶちが光ました」ってあるでしょ。もし、やまなしが青みがかってまだ堅かったら、おいしそうでもなく、「黄金」なんていう描写はないと思う。
教師31　青いの食べてもしょうがないものね。（当然と笑いが起こる）するとちょうどいい時期。ちょうどいい状態で川底へ落ちてきたということね。
子ども　そう、食べ頃っていうこと。
子ども　旬。ちょうどいい旬の時期。
子ども　しかも「ひとりでにおいしいお酒ができる」って⑫番にある。二日ばかり待つとひとりでにおいしいお酒ができるっていうことは、いい意味で勝手においしくなるってことでしょ。
子ども　「ひとりでに」だから自然にっていうことなんだよね。
教師32　では、みんなはこれはどう意味付けるの？「ぽかぽか流れていく」
子ども　ゆれている感じじゃないのかなあ。（手を上下にゆらしながら口々に話し始める）
子ども　流れてきたときに波で抵抗があって（手をゆらしながら）こんなふうにゆれる感じです。
　　　　（ああ、そうそう）

子ども	「さらさら」だとすうっといくけれど、「ぽかぽか」はちょっと上下にゆれが見える感じで（手でリズムをつけながら）こんなふうに流れていく様子だと思います。愉快な感じもします。みんなも手を上下にリズムをつけてゆらす）
教師33	なるほどね。ちょっと愉快な動きで流れていった感じをうけるのね。
子ども	すると、ゆっくりした感じもする。その前の⑦番に「ずうっとしずんでまた上へ」という描写があるけれど、そこもゆっくりという意味がつながっていくよ。
子ども	ああ、沈みながらゆっくりした感じでしょ。（ゆっくりした手の動きで表現する）
教師34	じゃあ、その描写をみんなで読んでみましょう。
子ども	「黒い丸い大きなものが、天井から落ちてずうっとしずんで、また上へ上っていきました。」（一斉に読みながら、首が動いている）
教師35	ゆっくりという感じは、どの部分から特に感じるの？
子ども	（「ずうっとしずんで」の部分）
子ども	ずうっとがあるかないかで大きく違うんだよな。
教師36	そうなの。じゃあ、「ずうっと」があるときとないときは、どう違うの？　近くの人と話してみてごらん。1分ね。
教師37	（1分後）ではどんな違いがあるのか教えてください。
子ども	「ずうっと」があると、ないときよりゆっくりした動きある。
子ども	沈むときも静かに沈んでいくのが分かる。ゆっくり時間がたつのが分かる感じです。
教師38	じゃあ、みんながかにの兄弟の目線になってその描写を読んでみて。
子ども	「黒い大きな丸いものが、天井から落ちてずうっとしずんで、また上へ上っていきました。」（やまなしを追うように首を動かしながら読む）

3 描写から読み深める「やまなし」の世界

子ども　首が動く。
教師39　そうだね。おもしろい発見だね。目で追えるくらいのゆっくりした沈み方なんだね。
子ども　「トブン」とか「ぽかぽか」とか、やまなしの熟した重みが感じられるね。（ああ、そうだ）

> コメント3：描写を抜き出す作業は、情報の取り出しである。情報の取り出しに終始するだけではなく、そこからどんなことが分かるのかを探っていくこと、そして豊かなイメージを広げていくことが大切である。その際にその探り方、イメージの広げ方を子どもたちに丁寧に指導することを忘れてはいけない。それには、たとえば次のような方法がある。
> ①似たような他の表現と比較し、違いを明確にしていくことでイメージの具体化を図る。
> ②文章中の他の似たような表現を取り出し、共通性を見いだす。
> ③主要な表現をなくしたときと戻したときとを比較し、その効果の違いを探る。
> 上記の①は、教師33の直前の子どもの発言、②は、教師33の直後の子どもの発言、③は教師35の直後の子どもの発言と照合する。

④「やまなし」と「かわせみ」の関係性を探る

教師40　ここまできたら、いよいよかわせみと比べてもいいんじゃない。
子ども　やまなしには悪いイメージがない。（そうそう）
教師41　そうなの？
子ども　「ぎらぎら」に対して「きらきらっと」だし……。（口々に話す）
教師42　もっと整理立ててみましょう。
子ども　かわせみのけばけばした感じよりもやまなしは優しい感じ。

子ども　とがっている鋭利な感じに対してまるみやあったかさがある。

> コメント4：「やまなし」と「かわせみ」の対照的な関係に気付くことが出来るような視覚的な工夫が板書にしかけられているとよい。それぞれの意味するものと描写を関連付けながら【正反対の関係であること】を一つ一つ丁寧に確かめていく。正反対の関係にすぐに気付く子どもがいる一方で、まだその関係性がおぼろげにしかつかめない子どももいるが、できるだけ早くその理解を共通のものとしていく。

⑤象徴性につなげる

教師43　こうやってみてみると、やまなしとかわせみはどんな関係ですか。
子ども　対照的
子ども　正反対
教師44　本当だね。正反対の関係だね。ここまで意味付けられて凄いね。じゃあ、聞くよ。このお話はかにの兄弟だけのお話だった？だれかの存在を忘れてなあい？
子ども　「私」
教師45　そうなんだよね。あなたたちが最初に悩んだ「主人公はだれか」という問題のときに〇〇君が言ったことを覚えていますか。
子ども　(ああ、「わらぐつの中の神様」のときのことだ)
子ども　「わらぐつの中の神様」の学習でいうと、主人公はおばあちゃんではなくマサエ。
子ども　おばあちゃんは、マサエに最初から伝え

たいことがあった人。だから、やまなしの主人公はかにの兄弟か私かで迷ったんだった。今回の語り手である「私」はおばあちゃんと似たような存在。
子ども　物事の本質を最初から知っている人。
教師46　そうなの。「私」は最初からものの本質を知っている人なのよね。
子ども　幻灯を見せた人だ。
教師47　そう。あの額縁構造で言うと、全体を知っている人。かわせみのこともやまなしのことも知っていて幻灯として提示している人。じゃあ、このお話を少し離れてみてみようか。するとみんなが作ったそれぞれの意味の違いっていうところに近づけそうだよ。（次を板書する。）

「私」にとってやまなしとかわせみはどう違うのか

子ども　ん〜。
教師48　困った顔がまた先生はうれしいなあ。
子ども　私が人間だったら、かにの兄弟にとっては怖いものかもしれないけれど、人間にとっては怖くないもの。
子ども　う〜む。
教師49　じゃあ、「私」はなぜ幻灯を見せたの？
子ども　何かを伝えたかったから。
教師50　そうよね。伝えたいことがあった。語りたいことがあった。やまなしやかわせみを使ってその言いたい何かを喩えているのよね。この二つに何か意味が潜んでいるっていうこと。そこを考えてみようよ。でもね、忘れてならないのは、やまなしとかわせみ、この二つは正反対の関係であるっていうことだよ。じ

ゃあ考えてみよう。ノートに書き込んでいってね。2 分。なかなか書き込めない子どもがいることを確認。具体例を紹介する。

子ども　かわせみは、魚を食べに来たから食べる側。それに対してやまなしは食べられる側。

教師51　そこの二人の考えなんだよね。
　　　　そしてグループごとに話し合う。時間は3分程度。

【各グループに与えた教師の助言の例】
●川底への落ち方は同じ？　違う？
●川底に入ってきた後の姿からどんなことが言えそうかな。
●2つには常にどんな関係があったのかな。
●「やまなし」と「かわせみ」をそれぞれ色で喩えるとどう？　そこにどんな違いが出てくるの？
●「やまなし」を黄色、オレンジ、白……と喩えているけれど、その共通性を一言で表すなら？
●「やまなし」と「かわせみ」の姿にどんなメッセージがあるのかな。

【あるグループの話し合いの様子】
A児　「かわせみ」は弱肉強食の感じがするんだよな。
他3人　それはそう思う。だけど、その反対が分からない。
C児　弱肉強食の反対語って何だ？
B児　分からない。だけど、「やまなし」に怖い感じや危険な感じはないよね。
A児　そう。どっちかというと、

3 描写から読み深める「やまなし」の世界

> あったかくて輝いている感じがする。
> D児 「やまなし」だって最後にはお酒になってかにに食べられちゃうでしょう。どうもそこが気になる。
> C児 えっ？ じゃあ弱肉強食はどっちも？ 分からなくなってきた。
> B児 いや、それは違うよ。12月の描写からは幸せな感じをうけるもの。
> D児 光と影かなあ。
> 他3人 その言葉いいねえ。

子ども　かわせみは魚を食べるから残酷な世界。でも、やまなしは平和な世界。

教師52　これは言える？　言えない？

子ども　言える。

子ども　やまなしは食べられるということは、なくなるから殺されるということ。

教師53　やまなしとかわせみは共通するところがあるっていうこと？

子ども　似ているけれど違うんだよね。(そうそう)

子ども　かわせみは命があるから生物で、やまなしは命があると言えばあるんだけれど、ないといえばないような感じがするから…。

子ども　ん～分からなくなってきた。

教師54　そっか。やまなしは、落ちたくて落ちてきたの？

子ども　いや、違う。

子ども　熟して自然に落ちてきた。

教師55　かわせみはなんで落ちてきたの？

子ども　魚を食べるため。

子ども　自分が生きるため。(口々に言う)

教師56　つまり誰のため？
子ども　自分のため。
教師57　これに対応するものは何かな。
子ども　誰かのため。
教師58　なるほど。「自然に落ちる」に対してかわせみは？
子ども　勝手に来た。
子ども　ん〜。自分の意志で。
教師59　なるほど。ちょっと見てみて。
　　　　【今まで話し合われた「やまなし」と「かわせみ」の象徴性を板書と一つずつ確認しながら整理立てていく】

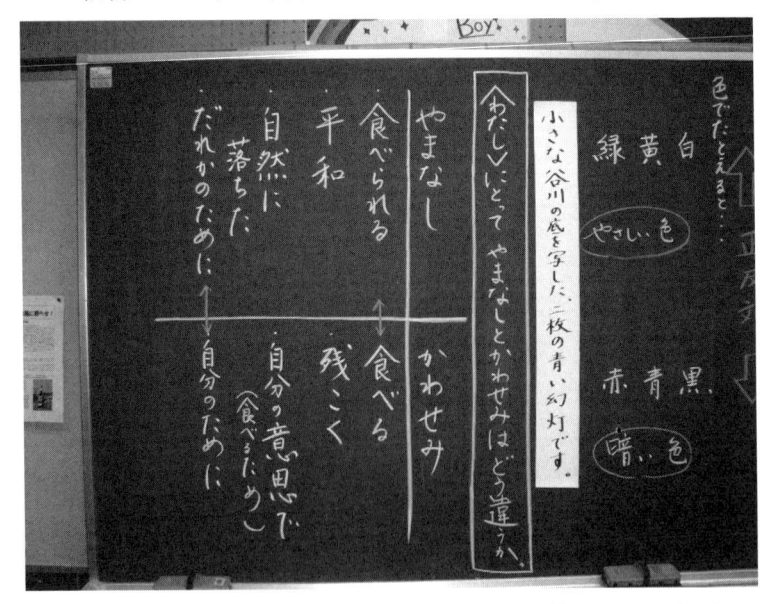

教師60　すると、〇〇さんが言っていたように「やまなし」だって自分の実を食べられるから、死ぬっていう意味合いはあるのかもね。ところで、この場合、死ぬという意味は「やまなし」と「かわせみ」と同じだと思ったの？

3 描写から読み深める「やまなし」の世界

子ども　（いや。と即答する）
子ども　死に方が違う。
教師61　どういう意味？　凄いこと言うね。死に方が違うってどういうことなの。
子ども　「やまなし」はどっちかっていうと寿命がきて死ぬようなもので、「魚」は「かわせみ」に食べられて……ん～殺されて死ぬっていう感じ。
子ども　生命を全うした「やまなし」と生きている途中で命を奪われた「魚」そして奪った「かわせみ」では死の意味が違うっていうこと？（ん？）
子ども　「やまなし」は寿命がきて川に落ちていくけれど、また新しいお酒という姿になる。
子ども　それは死じゃなくて生だ。（ああ、そうか）

コメント5：「やまなし」と「かわせみ」それぞれが意味するものを比較するとき、その関係が対照的・反対であることを強調していく。その上で、その相違点を一般化した言葉でまとめていく。そして、二つの青い幻灯を「私」が提示するということは、「私」が何らかの意味をそこにもたせていることを共通理解としておく。そのことにより、象徴性を探る学習が焦点化されていく。【なぜ「私」は二枚の幻灯を提示したのだろう】という問いかけも主題読みへつながり、効果的である。

【最終板書】

5　成果と今後の研究課題

(1) 描写同士を比較し、その対比する関係性に気付く

　『やまなし』を初めて読んでの感想の中に【「五月」と「十二月」を比較していく】【主人公はかにの兄弟なのだから、かにの兄弟にどのような変容・成長があったのかを読む】という学習の見通しをもった感想が多かったことに今までの学習の積み重ねを感じた。「五月」と「十二月」が対照的に書かれていることだけでなく、この作品が額縁構造であることにふれた問題づくりをしていた子どももいた。作品の構造やしかけを意識して読みを深めていく力を身に付けつつあることが伺える。

「やまなし」と「かわせみ」の谷川への到来は、この作品の大きな事件である。①描写を抜き出す。②描写が意味するものを読む。③「やまなし」と「かわせみ」の関係性を考える。——このような活動の流れをとっていったが、この中で、②の活動に入ったとき、かにの兄弟の行為に目を向けながら、すでに「かわせみ」の描写の意味付けを「やまなし」の描写と対比しながら話す子どもたちの姿をみることができた。これは、作品全体を俯瞰できるような読みの力を付けようとしてきたこれまでの授業設計と深くかかわる。

　①②③の学習の流れはとても効果的であったが、なぜ①をするのかという学習の必要観を大事にした授業でなくてはならない。単に「かわせみの描写を抜き出しなさい」という教師の指示であっては、レールに敷かれた授業でしかない。この『やまなし』の学習を通して、描写が意味するものを考えること、描写を比較しながらその関係性を考えることが、作品をより豊かに読むことに通じていくのだということを実感させたかったのである。この経験が『やまなし』で終わることなく他の作品を読み味わうときの手法として子どもたちの身体にしみ込んでいってくれることを期待している。

(2) 象徴性を読む力が主題の発見を促した
　象徴性を読む学習は、教材を「外の目で見る」作業であることを子どもたちは初めて知る時間になった。作品をメタ的に見直すということである。「やまなし」の描写から【美しい輝きやゆっくりとした重み】【ちょうどいい時期に落ちてきたもの】といった形象性が見えてきたが、それらを更に「私」という立場に立って総合的に見るとどんな意味が隠されているのかを追究したのである。もちろん、それが作品の主題を発見していく読みとなる。

　象徴性を読む学習を初めて経験する子どもたちが、「やまなし」の象

徴性を実感するまではしばし時間を要した。私達人間にとって「やまなし」＝食べ物、「かわせみ」＝生物、といった一般的な解釈や想像の域をなかなか越えきれない子どももいた。「作品から少し離れてみてみよう」と投げ掛けても、作品自体を忘れ生活の体験・実感レベルの読みにとどまっていたのである。それに対して私は、それは今までの読みと断絶された追究であることを告げた。そして次のように投げ掛けた。「わたしはなぜ幻灯を見せたのか」「私という語り手が『やまなし』と『かわせみ』の姿を借りて何を伝えたかったんだろう」

　その投げ掛けに応えた一つのグループの【食べる側と食べられる側の関係】という発言をきっかけに「そういうことか」と思考の方向が見えてきた。

　象徴性を読むという学びの方向が学級全体のものになるまで時間がかかったのは、今まで読み取ってきた（意味付けてきた）描写とリンクさせることが初め不十分だったからである。

　「やまなし」＝自然と落ちてきたもの＝生命を全うしたもの＝他の生命の糧になるもの……というように具体をどう一般化した言葉にしていくのかが鍵になってくる。象徴性を読む学習に手応えを感じた子どもたちは、作品のメッセージ性を読んでいくことに時間はかからなかった。「『十二月』の幻灯だけを見せたらよかったのに『五月』も見せたのはなぜか」「『やまなし』を後半にもってきているのはなぜか」という問いかけが、「なぜ題名が『やまなし』か」という問いかけと響き合っていき、主題の読みにつながっていった。子どもたちの学習作文からもそのことは実感できた。「象徴性を読む」過程を文章化するという学習経験は、先に引用した新学習指導要領【優れた叙述について自分の考えをまとめる】ともつながる。

参考文献
(1) 西郷竹彦監修／山中吾郎『文芸研の授業①文芸教材編「やまなし」の授業』明治図書 2003 年
(2) 西郷竹彦『文芸（虚構）の世界西郷文芸の新展開その 1』新読書社 2008 年
(3) 大内善一『国語教材分析の観点と方法』明治図書 1990 年
(4) 阿部昇『力をつける「読み」の授業』学事出版 1993 年

〈秋田大学教員による授業解説〉
「ことばの力」を豊かに確かに身に付けさせる3つの先進的実践

阿部　昇
(秋田大学)

1　熊谷　尚先生「吟味よみ」の授業について

　熊谷尚先生は、子どもたちに説明文を吟味し評価し批判させていく授業に挑戦した。文章を吟味し評価し批判する力は21世紀を生きる子どもたちに必須のものである。それはOECD（経済協力開発機構）が実施しているPISA（生徒の学習到達度調査）の学力観、そして新学習指導要領の学力観とも深く関わる。

(1) 吟味し評価し批判するための読みの方法を身につけさせる

　熊谷先生は、説明文「動物の体」の「例示の妥当性」について吟味をさせた。子どもたちからは（寒暖による体型の違いを述べた文章なのに）「ゾウとキリンはほとんど同じ所にすんでいる」（教師31の後）、「ゾウとキリンはどっちも暑い地方にすんでいる動物」（教師29の前の話し合い）であることなどの意見が出てきた。また、ゾウは「鼻とか耳とか出っ張って」いて、（既述の寒冷地動物は出っ張りが少ないという）記述に「合わない」（教師42・43の後）等の意見が出てきた。本文の一語一文そして文脈にこだわりながら、見事な吟味をしている。

　熊谷先生は、これらの読解を展開させつつ様々な「読みの方法」（吟味の観点や技能）を子どもに学ばせている。「示された例は適切か」「記述に矛盾はないか」等の吟味の観点である。子どもたちは、確かな国語力を身につけていっている。

阿部は、これまで吟味の観点（方法）について様々に提案してきた。それは、大きく分けて次の5つに分類できる。
① 語彙・表現の妥当性に関する吟味
②「事実」と現実との対応に関する吟味
③「事実」の取捨選択に関する吟味
④ 根拠・解釈・推論に関する吟味
⑤ ことがら相互・推論相互の不整合に関する吟味
⑥ 表現・事実選択・推論などの裏にある考え方・ねらい等に関する吟味

　熊谷先生の指導は、上記の中の「③「事実」の取捨選択に関する吟味」にあたる。これらには、様々な下位の吟味の観点（方法）があるが、小学校上学年から中学校・高等学校まで系統的に子どもたちに学ばせ身に付けさせていく必要がある。熊谷先生の指導はその系統性を意識して行われたものである。

(2)「練習問題」の重要性
　熊谷先生は、本文の吟味に入る前に「練習問題」で吟味をさせている。
　たとえば、「高橋尚子選手は世界を代表するマラソンランナーだ。たとえば、秋田市内のマラソン大会ではいつも優勝している。」などの文章を提示し、その不十分さを吟味させていく。もちろん、ここでは「秋田市内のマラソン大会ではいつも優勝している。」という例示が妥当でない。ここでは、世界規模のマラソン大会での好成績の例を示す必要がある。
　そういった練習問題で学んだ上で、「動物の体」の吟味に入っていく。それにより子どもたちはよりスムーズに本格的な吟味に入っていくことができた。
　これ以外にも「海外旅行にいったおじさんから、一粒100円もする高

価なチョコレートをもらった。こんな貴重なチョコレートは食べたことがない。」などを吟味させる。ここには、「高価」と「貴重」とが安易に言い換えられているという不十分さがある。

練習問題としては、たとえば次のようなものがある。

A　①　埼玉県熊谷市は、最高気温の日本記録をもっている。
　　②　だから、埼玉県は、日本でも最も暑い気候の県と言える。

B　①　山田君は昨日の体育の時間に鉄棒の逆上がりができなかった。
　　②　だから、山田君はスポーツが不得意と言える。

C　①　無責任なことを平気でする人は、考えることのない人である。
　　②　しかし、この世の中には考えることのできない人はいない。
　　③　だから、この世の中には無責任なことをする人はひとりもいない。

Aは、「取り上げた事実が典型例でない」という不十分さ、あるいは「許容できない飛躍を含む」という不十分さを吟味するための練習問題である。Bは、「取り上げた事例が典型例でない」という不十分さ、あるいは「他の可能性の無視」という不十分さを吟味するための練習問題である。Cは、「言葉相互の意味のズレ」という不十分さを吟味するための練習問題である。

「吟味よみ」における練習問題の重要性を強く意識する必要がある。

(3) 書き手の立場を吟味する

熊谷先生は、書き手（筆者）は「動物のことには詳しいはずな」のに、たくさんの事例の中から「あえてここでゾウとキリン」を「例に出して

きた理由」を子どもたちに追究させていく（教師46）。子どもたちからは「みんなが知っている動物なので」（教師48の後）、「小さい子とかでも知っている動物だから」（教師49の後）などの意見が出てくる。これは、書き手の立場と読み手の立場の両方から文章を吟味することである。

一方的に文章を見ていくのではなく、一度書き手の立場に立ってみて、ある種の共感もしてみる。その上でこの文章をどう評価するかを問い直すのである。これは、私が（1）で紹介した吟味のカテゴリーの6番目「表現・事実選択・推論などの裏にある考え方・ねらい等に関する吟味」ともかかわる。

熊谷先生はさらに子どもたちに問いかける。「ゾウとキリンの例はここで出してきたことは、よかったのかなあ。」（教師61）それに対して子どもたちは、「よくない、だめ。」「キリンを何かに変えればいい。」（教師61の後）などと答える。

時間が許すならこの後リサーチ学習を位置づけ、たとえばどういう動物を例として位置づけるとよりよい文章になるかを追究させていくという指導も構想できる。

（4）〈個⇔グループ⇔学級全体〉の立体的な学び合い

熊谷先生は、これらの読解を子どもたちの「かかわり合い」「学び合い」によって、より質の高いものにしている。4人グループを使い、〈個の読み⇔グループでの読み⇔学級全体での読み〉を立体的に組み合わせながら、子どもたちを関わらせつつ、より鋭く豊かな読みを導き出している。

熊谷先生は、はじめに「どの子も自分なりの考えをもって話し合い活動に参加できるように、テキストの着目した気付きを書いたりする時間を十分に保障する」（「4」の「（1）本時の授業案」）過程を重視する。その上で、グループで話し合わせ、それを学級全体に広げていく。そのダ

イナミズムが、読み取りの質をより高めている。もちろんその過程でより多くの子どもたちが発言をし、前向きに追究をしている。

　熊谷先生は、マイクロレコーダーを使いグループでの話し合いを記録している。教師29の直前にその記録の一部が示されているが、グループの話し合いで、子どもたちが互いに吟味を豊かに創造していっていることが見えてくる。「アフリカとアフリカ」でなく、「アフリカと、うーんと、シベリアとかならいい」などという代替案まで出てくる。これまでかかわり合い・学び合いの授業記録でこのグループでの子ども相互の対話を記録することが少なかった。意義のある授業の記録と言える。

　子どもたちだけでそこまでの話し合いが出来るのは、一つにはそれまでに文章の構成や構造、語彙や論理関係などを十分に読み取っていたからである。また、既に指摘した練習問題の実施、次項で指摘する教師の発問や助言の的確さなどがあるからとも言える。

(5) 周到に準備され仕掛けられた助言

　熊谷先生は、子どもたちの読解・吟味をより豊かなものにするために、周到に多様な助言を準備している。その一部は、教師28の後に示されている。

　「ゾウとキリンは元々はどういう所にすんでいる動物かな。」「今、○○さんは『ゾウとキリンでは比べられない』と言ったけれど、それはどうしてですか。」「ゾウの体つきを思い出して見て。何か気が付くことはないですか。」など、子どもたちの吟味を促す優れた助言である。もちろん、これを早く打ち過ぎると、子どもたちの思考はかえって弱くなるし、下手をすると単なる誘導になる危険がある。

　しかし、熊谷先生は、それらを多様に準備しつつも、すべてを使わずに、必要を見極めつつ、学級全体、グループごと、個、それぞれに的確に助言を打っている。

優れた授業はこの助言の切れ味がいい。助言は、子どもたちの読みを助け、読むための手だてを教えていくという役割をもっている。

(6) 野生の動物と動物園の動物の違いへの着目

以上のように熊谷先生の吟味の授業は、極めて優れた内実をもっている。あらゆる点から、極めて先進的な授業と言える。

ただし、あえて一つだけ課題を出せば、野生の動物と動物園の動物の差異の無視ということについての発見を生み出すことができなかったことである。この文章全体で問題にしているのは野生の動物である。にもかかわらず、筆者がここ（第6段落）で例として示しているのが、動物園という人工的に作られた環境でのゾウとキリンである。そのズレ、不整合にまで着目させてほしかった。

2 湊 弘一先生「新聞」の授業について

湊先生の授業も、熊谷先生の授業とかなりの程度、共通する要素をもっている。湊先生は、「（子どもたちは）知らず知らずのうちに情報に流され、情報を鵜呑みにしがち」であり、「情報の確かな受け手としてそれを回避し、自分自身の思い込みや言葉のトリックで惑わされないようにして生活できる力をつけてあげたい」と述べている（「1」の(1)）。「子どもたちに情報に主体的・批判的にかかわろうとする態度と力を育てたい」とも述べる（「1」の(2)）。

確かに新聞は、上記の力をつけるために極めて有効である。新学習指導要領にも、「編集の仕方や記事の書き方に注意して新聞を読むこと。」（国語［第5学年及び第6学年］「C　読むこと」(2)（言語活動例））が位置づけられた。これからは、新聞が授業で大きな意味をもってくるはずである。

（1）教師の教材開発の力

　新聞は、情報を主体的・批判的に読む力をつけるために極めて有効な教材と言える。しかし、どの記事を切り取り教材とするかは、実はかなり難しい。内容のわかりやすさ、面白さ、語句の難易度、分量等、つけたい力に対応した内実をもっている新聞記事を見つけ出すこと自体が難しい。

　しかし、湊先生は、見事に質の高い教材を開発した。この「男鹿水族館GAO」の記事は、様々な点で教材として優れている。まず、内容的に水族館、アザラシ、ボール遊びなど、子どもたちにとって身近で楽しいものである。その上、あまり難しい語句もなく、長さも適度である。

　説明的文章も、新聞も、こういった教師の優れた教材開発があってこそ、質の高い指導が展開できる。湊先生の教材開発能力の高さにまず注目したい。湊先生は、以前にも秋田市の大森山動物園の「敬老の日」行事に関する二社の報道を教材化し優れた授業を実現させている。

（2）〈見出し⇔リード⇔本文⇔写真〉の構造的連関

　新聞は、様々な要素が組み合わさって成立している。読者を引きつけ最低限の重要な情報を示す「見出し」、記事を短く要約した「リード」、字数制限の中で絞りに絞られた「本文」、そして「本文」「リード」「見出し」に対応する形で選択される「写真」などである。

　湊先生は、子どもたちにそれらの構造的連関を学ばせている。本文とリードが書かれ、それに合う形で見出しが作られ、写真が選択される。おそらくそういう製作過程が一般的であろうが、それらの構造の連関を意識できている子どもは少ない（意外と大人もそうかもしれない）。だから、湊先生は、まずはそれらが有機的に構造化されていることを子どもたちに学ばせていこうとする。

　特に、見出しを隠し、三つの見出し案から、適切なものを選択させる

という形で授業を構想し、それらの連関を強く意識させることに成功している。子どもたちは「〈ボールで遊ぼう〉はあざらしのみずきの言葉です。」（第3時・教師13の後・102頁）、「リードの最初の文に『来館者にアザラシの〈みずき〉と一緒に遊んでもらおう』とあり」（第3時・教師15の後・103頁）など、本文やリードとかかわらせながら見出しを追究しようとしている。

(3) 言葉だけでなく「写真」も解読できる

これまでの国語の授業では、写真を解読するという観点は弱かった。しかし、湊先生の授業では、子どもたちが写真を解読し、それを重要な手がかりとさせながら見出しを追究している。「2枚の写真の中に写っている〈みずき〉と〈ボール〉の両方が見出しに入っているのはAだけ」、「私もAです。それは①の写真の〈みずきの目〉が『遊んで』と言っている感じだから、Aの『ボールで遊ぼうよ』とつながってAだと思います。」（以上、第4時・106～107頁）などと、子どもたちは写真をも根拠にしながら、「ボールで遊ぼうよ」という見出しを発見していっている。

写真解読の指導を、国語でも社会でも美術などでも、必要に応じてこれからは積極的に行っていくべきである。

(4) 試行錯誤と討論による追究

湊先生は、あえて見出しを3つ提示し、子どもたちの中に揺れ、つまり試行錯誤を作り出している。揺れの中には意味のない、または意味の薄い揺れもある。しかし、深い対象認識のためには、多くの場合、試行錯誤が重要な意味をもつ。湊先生の授業では、揺れ・試行錯誤が子どもたちの認識を確かに深めている。

はじめの段階では——A「ボールで遊ぼうよ」　8人

　　　　　B「男鹿水族館が楽しい」　5人
　　　　　C「水槽前に大歓声！」　　19人
――であったが、討論の中で、――
　　　　　A「ボールで遊ぼうよ」　　23人
　　　　　B「男鹿水族館が楽しい」　8人
　　　　　C「水槽前に大歓声！」　　3人
――と劇的に意見が動いていく。

　それも、ムードやアジテーションによってではなく、「リード」「本文」「写真」の解読という具体的な証拠にもとづいた変化である。

　それは、たとえば「佐藤幸輝君が『ボールを転がして走ったら一緒に〈みずき〉がついてきた』と言っています。これは、男鹿水族館が実際にお客さんにやって欲しいことを、佐藤幸輝君が実際にやっていて、それは、GAOの目的に合っているから、Aだと思います。」（第3時・教師7の後・99頁）という発言などが影響を発揮したと考えられる。「この前までCと言っていましたが……うすうす感じていました。〈ボールで遊ぼう〉はあざらしのみずきの言葉です。この記事は〈みずき〉について書かれていて、見出し・本文・リードが一致しています。」（第3時・教師13の後・102頁）などという発言も出ている。

　湊先生は、子どもたちの発言を、ある時は聞き流し、ある時は「それだけでまずやってみない。」（第3時・教師3・96頁）などと限定する。また、ある時は「いいところに目をつけましたね。」（第3時・教師5・97頁）と評価し、ある時は「目的に合っているというのは、見出しではどの言葉から分かる？」（第3時・教師8・99頁）などと問いかける。その中で子どもたちは、試行錯誤のレベルを上げていく。

　湊先生も、熊谷先生同様〈個⇔グループ⇔学級全体〉の追究を有機的に構造化しながら、この試行錯誤を展開させている。

(5) リード文・本文・キャプションへのさらなる着目
　湊先生の授業も、熊谷先生の授業同様、先進的である。
　ただし、教師が助言しつつ、ポイントとなるリード文、本文にもっと多く着目させることもできたはずである。
　たとえば、リード文の第1文「男鹿水族館GAO（男鹿市戸賀）は26日、来館者にアザラシの『みずき』と一緒に遊んでもらおうと水槽前にボールなどを設置した。」などに着目させることはできたはずである。ここには「遊ぶ」というキーワードが含まれている。また、本文の第2文「好奇心旺盛で、人懐っこい性格という。」の「人懐っこい」にも着目できた。「人懐っこ」さが、「ボールで遊ぼうよ」の擬人化された見出しと連関があると見てもいいはずである。また、キャプションに注目させることもできたはずである。「ガラス越しのボールに近付き興味深そうに眺めるみずき」である。ここでも、みずきが主人公である。
　それらに気付いている子どもがいたかのかもしれないが、授業では顕在化しなかった。そこまで追究すると、さらに豊かな授業となったはずである。

3　小室真紀先生「やまなし」（宮沢賢治）の授業について

　小室先生は、高度な読解を要求される宮沢賢治「やまなし」に挑戦した。それも、「5月」の場面と「12月」場面を比較しつつ作品のテーマに迫っていくという難しい読解指導を試み成功させた。

(1) レトリックに着目した描写の分析と総合
　小室先生は、「5月」の「かわせみ」と「12月」の「やまなし」がもつ象徴的意味を、直喩・隠喩、擬音語・擬態語、色彩語等のレトリックに着目させつつ追究させていった。

まずは、「かわせみ」の「ぎらっ」「コンパス」、「やまなし」の「トブン」「ぽかぽか」等の形象を読み広げていく。「トブンはドブンより軽い感じだな。」（教師16の後）、「ドブンは濁点が多いから重い感じだけど、トブンは濁点が少ない分、軽さがあります。」（教師18の後）など、的確な形象の読みが出来ている。これらは、「トブン」と「ドブン」を比較するという表現の差異性を生かした読み取り、濁点という音楽的要素と形象との関連を意識した読み取りである。高度な読みの方法を子どもたちはごく自然に使っている。これは、ここまで小室先生が、高度な読みの力を子どもたちに身に付けさせてきていることを物語る。
　「『さらさら』だとすうっといくけれど、『ぽかぽか』はちょっと上下にゆれが見える感じで（手でリズムをつけながら）こんなふうに流れていく様子だと思います。愉快な感じもします。」（教師32の後）でも表現の差異性を生かした形象の読みが展開されている。
　また、「そんなに軽ければ落ちた描写はしないと思う。『黒く大きなもの』って書いてあるし、重みは十分あったと思う。ただドブンっていうほどじゃない。」（教師19の後）というように、友達の読みに自分の重ねながら、形象を豊かに広げていくことができている。対話性の高いすぐれた読解過程と言える。
　そして、それらの読みを子どもたち自身が少しずつ総合していく。「『トブン』とか『ぽかぽか』とか、やまなしの熟した重みが感じられるね。」（教師39の後）は、それまでの「トブン」と「ぽかぽか」を組み合わせながらの読解である。
　そういう中で小室先生は「こうやってみてみると、やまなしとかわせみはどんな関係ですか。」（教師43）と一気に総合させていく。実は、既にこの発問の前にこの教室空間では総合が見え始めている。それは、小室先生の板書の力による。それまでのレトリックに着目しながらの描写分析、それらについての小さな総合は、板書によって見事に構造化さ

れていた。だから、板書に既に総合が見える。だから、子どもたちは、自然に「対照的」「正反対」と答える。

　分析と総合は、一般的な認識の場合だけでなく、文章の読み取りの場合にも適用できる極めて本質的な要素（方法）である。日常の読みの過程でも無意識のうちに分析と総合が行われている。それを小室先生は読みの教室空間でより意識的に展開させ、子どもたちの豊かな読みを引き出している。

(2) 吟味し評価し批評するための読みの方法を身につけさせる

　小室先生は、〈物語世界——語り手である「私」——虚構としての作者〉を明確に見分けさせつつ、子どもたちに作品のテーマに迫らせる。また、「かわせみ」も「やまなし」も人間が生きていることについての「象徴」であることも子どもたちに気付かせていく。

　すでに上記(1)がテーマ把握の一部を形成するが、「『私』にとってやまなしとかわせみはどう違うのか」（教師47）によって、さらにテーマに肉薄させていく。

　子どもたちは、「かわせみは魚を食べるから残酷な世界。でも、やまなしは平和な世界。」（教師52の直前）という読みのレベルから、「死に方が違う。」「『やまなし』はどっちかっていうと寿命がきて死ぬようなもので、『魚』は『かわせみ』に食べられて……ん〜殺されて死ぬっていう感じ。」「生命を全うした『やまなし』と生きている途中で命を奪われた『魚』そして奪った『かわせみ』では死の意味が違うっていうこと？（ん？）」「『やまなし』は寿命がきて川に落ちていくけれど、また新しいお酒という姿になる。」「それは死じゃなくて、生だ。」（以上、教師61の前後）などという読みに入っていく。

　子どもたちは、作品に浸りつつも、同時に作品を対象化・メタ化し、物語世界の向こう側にいる語り手、さらには作品のものの見方・考え方

にまで迫っていく。作品を対象化・メタ化するという読みの在り方は、OECDのPISA「読解力」の学力観ともつながる。

　小室先生は、これらの読解を展開させながら、多様な「読みの方法」（表現の差違性、共通性への着目、語り手への着目等）を子どもに学ばせている。子どもたちは、物語を読むための確かな国語力を身に付けていっている。

(3) 子ども自身が自ら課題を発見し子ども自らが読みの方法を駆使する

　小室先生は、すぐに子どもに読みの方向性を示さないで、子どもに問い返す。子どもたちが作った「問題」の中から、比較的多くの子どもがこだわった「かにの兄弟にとってやまなしとかわせみは、どんな意味のちがいがあるか。」を提示し、「この問題を探っていくためにどうやって解決していきますか。」（教師1）と問いかける。すると子どもは「最初に、やまなしの描写を出していく。そしてそれがどんな意味をもつのか考えていく。それからかわせみと比べる。」と答える。

　続けて小室先生は「みんなだったら何番から見ていくの。」（教師2）と問い返す。（〇番とは、作品本文に教室で付けた番号である。）子どもたちは、「(⑥番) やまなしが川底に入ってきたときから。」と答える。そして小室先生は「では、やまなしの描写にどんどん線を引いていきましょう。」（教師3）と指示を出す。

　上記(1)でも指摘したが、子どもたちは、自力で共同して「表現の差異性を生かした読み取り」「濁点という音楽的要素と形象との関連を意識した読み取り」等を展開していく。そして、総合をはじめる。

　これは、もちろん自然発生的に生じたことではない。これまで小室先生が丁寧に物語を読むための様々な方法を系統的に子どもたちに指導してきた積み重ねの成果である。これまでの国語の授業では、こういった要素が弱かった。子どもたちを自立した読み手にしていくためには、小

室先生のような指導戦略が是非必要なのである。

　子ども自身の自立性を重視するからと言っても、子どもたちだけでは発見できない読み取りもある。新たに学ばせることもある。だから、小室先生は、「『やまなし』と『かわせみ』をそれぞれ色で喩えるとどう？」「『やまなし』と『かわせみ』の姿にどんなメッセージがあるのかな。」（教師51の後）など、多様な助言を周到に準備している。

　小室先生も、また〈個の読み⇔グループでの読み⇔学級全体での読み〉という過程を組み合わせながら、子どもたちの読みをより豊かなものにしている。学習集団の指導である。

（4）描写分析と総合の在り方

　小室先生の授業は、描写分析と総合を高度なレベルで構造化した授業と言える。「やまなし」の授業の一典型を作り出したとも言える。

　ただし、後半部分で「『私』にとってやまなしとかわせみはどう違うのか」（教師47）の追究の際、それまでの「かわせみ」と「やまなし」にかかわる描写分析へのふり返りをもっと大胆に行ってもよかった。特に前時に行った「かわせみ」の描写分析は、子どもたちの記憶からやや遠くなっている。より強い意識的なふり返りが必要なはずである。それを、小室先生は板書という形で子どもたちに提示していた。そして、それは構造的な優れたものであった。それだけにそれをもっと生かすことはできたはずである。

4 「詩のことば」のおもしろさを読み味わおう
―― 4年生「春のうた」(草野心平) ――

熊谷　尚

1　この実践で提案したいこと

(1) 表現の工夫に着目して詩を読み味わう

　新しい指導要領の第5学年及び第6学年に、次の指導事項の記述がある。

「伝統的な言語文化と国語の特質に関する関する事項」
　イ　言葉の特徴やきまりに関する事項
　　（ケ）比喩や反復などの表現の工夫に気付くこと。

そして、指導要領の解説には、次のように記載されている。

　比喩や反復など修辞法に関する表現の工夫をまとめて考えられるように今回の改訂で新設した事項である。
　高学年において示しているが、各学年において、説明的な文章、文学的な文章のいずれにおいても表現の工夫についての指導が積み重ねられており、ここでまとめて整理する。
　具体的な表現の工夫には、比喩や反復をはじめとして様々なものが考えられる。擬声語・擬態語、語句の反復、誇張などは低学年の児童が読んだり書いたりする文章中にも頻繁に見られる。学年が進行するにつれて直喩、隠喩などの比喩やユーモア、また、省略、倒置、対句など構成上の工夫も多くなる。そこで、多様な文章に表れる様々な表現の工夫に

気付いたり、自分の表現に活用したりするように指導することが大切である。(1)

さて、文学作品の中でも「詩」は、先に挙げたような様々な表現の工夫を学ぶのにふさわしい教材である。嶋岡晨は次のように述べている。

詩とは、あらゆる事物に対し、主観的、主情的な理解をし、その理解をとおして（事物の外面的真実ではなく）人間の内面的真実を表現し訴える文学です。このことから、文学の中で「散文」と呼ばれるもの（小説やエッセイ）と「詩」と呼ばれるものの、根本的な違いも、敷衍して指摘できます。文学はすべて、人間の内面的真実を表現するものだとしても、その表現方法の主調がもっぱら現実的、客観的な描写や分析におかれている「散文」に対して、「詩」はあくまでも空想的、主観的に（しかも「歌」となるリズムを伴って）なされる、そこが決定的な違いでしょう。
　したがって、詩人にとって何より重要なものは、豊かな感受性や想像力であり、それをいかに言葉に生かすかという表現技能です。(2)

ここには、文学としての「詩」の特徴が端的に示されている。詩人は、自らの思いを表現するために、言葉を選び抜き、研ぎ澄まして詩を書いている。「詩のことば」の一つ一つに、何かを表現しようとする詩人の意図が込められていると言えよう。凝縮された詩の表現に触れることは、自らの思いをどう言葉で表現するかという表現技能を学ぶことにつながるものと考える。このことは、詩を学習する上でぜひとも大切にしたい視点である。
　しかし、これまでの小学校における詩の読み取りの学習は、必ずしもそのようなものにはなっていなかった。音読を楽しむ、暗誦する、好き

な部分を視写する、想像した場面を絵にかく、などといった活動だけでは、十分ではないと考える。「詩のことば」にこだわり、それを深く追究していく読みの過程を重視すべきである。詩の中でどんな表現の工夫が見られるか、そして、その表現が作品全体の中でどのような効果をあげているかを考えながら、作品の世界を豊かに読み味わうような学習を仕組んでいきたい。では、表現の工夫に着目して詩を読み味わうとは具体的にどういうことか、ある詩を例に述べてみたい。

> キリン
> 　　まど・みちお
>
> キリンを　ごらん
> 足が　あるくよ
> 顔
> そらの　なかの
> くびが　おしてゆく
> 顔
> キリンを　ごらん
> 足が　あるくよ

　この「キリン」という詩は、現在使用されている小学校3年生の国語教科書に採用されているものである。

　「キリンが歩いているのを見ている人は、どんな気持ちだと思いますか。」多くの国語教室でこのような発問で授業がなされているのではないだろうか。しかし、この種の発問では、子どもの想像力は膨らんでも「詩のことば」の本質に迫り、内容を深く読み味わうことには及ばないであろう。詩とは、そもそも主観的・主情的なものであり、どう解釈するかは読み手の自由だからである。ただ何となく想像するのではなく、詩のことばや表現にこだわり、それらを根拠にして語り手の気持ちを想像するのでなければ、言語を学ぶ教科である国語科の学習とは言えない。

4 「詩のことば」のおもしろさを読み味わおう

　この詩には、「足が歩くよ」などの比喩表現、平仮名と漢字の表記の使い分け、一連と4連のリフレインなど、様々な詩の技法が用いられている。これらに着目すると、次のような発問が考えられる。

「詩の技法」に着目した問い

Q1　なぜ「足であるくよ」ではなく「足があるくよ」となるのでしょう。

Q2　〈あるく〉〈くび〉〈そら〉は平仮名なのに、〈足〉〈顔〉だけはなぜ漢字なのでしょう。

Q3　なぜ〈くびがおしてゆく〉などというふつうとちがう言い方をしているのでしょう。

Q4　「そらのなかの顔」と続けずにわざわざ「顔」だけ行替えしているのはなぜでしょう。

Q5　「キリンをごらん　足があるくよ」が2回繰り返されているのはなぜでしょう。

　Q1は、比喩の表現に着目した問いである。「足で歩く」ではなく「足が歩く」と表現することにより、長い足が眼前に迫ってくるような迫力が出る。まるで足が意志をもっているかのように進んでいく感じがする。「足が歩く」は、比喩の中でも提喩と呼ばれるものである。小学校段階で提喩という言葉まで指導するかどうかは別として、単に「おもしろい言い方だね」で終わるのではなく、「足が歩く」としたことでどのような表現上の効果があるかということを考えさせることが必要ではないか。これまでは、詩の技法を押さえることはあっても、その表現上の効果についてまでは意外と問題にされてこなかったように思う。Q2は平仮名表記の漢字表記の違いとその効果を、Q3はQ1と同様に比喩の表現とその効果を、Q4は改行の効果を、Q5は、繰り返しの表現とその効果を、

それぞれ問うている。

　このように、その詩に用いられている様々な表現の工夫（詩の技法）に着目して、なぜそのような表現にしたか、その表現はどのような効果をもたらしているかを考えることを通して、作品の主題や詩人の豊かな感性に迫り、詩の世界を楽しく読み味わう学習を展開することはできないだろうかと考えて実践したのが、本単元である。詩の技法とその効果を知り、詩を読み味わうことは、子どもの言語認識と言語表現の変容をもたらすであろう。また、「詩のことば」の一つ一つを深く読み味わうことは、子どもの想像力や言語に対する感性を豊かにするであろう。ものごとの認識・表現の方法を学ぶこと、そして言葉の裏に広がる世界を感じ取ること、これらを子どもたちが実現できるような詩の読み学習をめざしている。

(2) 学び合いで「詩のことば」の多義性を発見
　一斉指導の授業に慣れた子どもたちは、教師の説明を聞き、自ら考えることなくそれを受け入れて満足してしまう傾向に陥りやすい。この問題を解決するために、1時間の学習過程の中に4人グループでの話し合い活動を位置付け、子どもたちが他と関わり合いながら、より主体的に自らの読みを深めていけるように工夫する。
　「詩のことば」は、意味的多義性と曖昧さにその特徴がある。よく知っているはずの言葉なのに、見慣れない不思議なものとして受け止められたり、それまで感じたことのない新しいイメージを抱かせてくれたりする。そのような「詩のことば」のおもしろさを子どもたち自身が発見できるようにしたい。そこで、まずは子ども一人一人がテキストと向かい合い、自らの読みを形成する時間を保障する。次に、4人グループになり、お互いの読みを開示し、意見交換をする。そして、グループの読みを学級全体に広げ皆で練り合うことで、より豊かな読みを創造してい

く。その際、教師が個・グループ・学級全体に対してどんな指導をするかが非常に重要になってくる。詩のどのことばに着目させるか、どう問いかけるか、どんな助言をするか、グループの話し合いはどのタイミングでどれぐらいの時間で行わせるか、等々である。学び合いの場を設定して、あとは子どもに任せるというのではなく、学び合いの質を高めるために、教師が積極的に指導の手立てを施すのである。

　実際の授業の中でどのように学び合いの場を作り出したかについては、授業記録の『(3)「みずは　つるつる。」を読む』の場面を参照していただきたい。

2　教材紹介と教材研究

春のうた　　　草野　心平

かえるは、冬のあいだは土の中にいて、春になると地上にでてきます。そのはじめての日のうた。

ほっ　まぶしいな。
ほっ　うれしいな。

みずはつるつる。
かぜはそよそよ。
ケルルン　クック。
ああいいにおいだ。
ケルルン　クック。

ほっ　いぬのふぐりがさいている。
ほっ　おおきなくもがうごいてくる。

ケルルン　クック。
ケルルン　クック。

(1)　構成について

　この詩は、四つの連からなっている。詩の典型構成の一つである〈起

承転結〉の四部構成になっていると見てよいだろう。
①一連〈起〉
　冬眠から目覚めた蛙が地上に出てきた。春の光を浴びて、開放感を味わっている。
②二連〈承〉
　潤いあふれる水、やさしく吹く風、春の野のにおい……。見るもの聞くものすべてが新鮮で躍動感にあふれている。
③三連〈転〉
　地面には、生命感あふれる青色の美しい、いぬのふぐりが咲いている。さらに目線を上げると、広く青い空を大きな白い雲がゆったりと流れてくる。蛙は、狭く暗い土の中とは対象的な情景に心を奪われている。
④四連〈結〉
　春の到来に心を弾ませながら、蛙はあふれる感動を精一杯の声で歌っている。
　〈転〉は大きな変化の部分であり、詩の流れの中で要となる部分である。この詩では、具体的にどのような変化が見られるだろうか。

a　抽象から具体への変化
　一連では、蛙が何を見て「まぶしい」とか「うれしい」と感じたのかは全く触れられていない。それが、二連では、「みず」「かぜ」「におい」など、蛙が見たものや感じたものがやや具体的に挙げられている。そして三連では、「いぬのふぐり」や「おおきなくも」というように、いよいよ具体的な対象物がはっきりと描かれている。
b　行の長さの変化
　一連から二連までは、一行の長さがどれも同じになるように書かれている。ところが三連は、一行の長さが急に長くなっている。そして四連は、また一・二連と同じ長さの行に戻っている。三連だけが他の連に比

べて長いので、見た目にも目立つ。これは、視覚的な効果を狙って作者が意図的に行った表記の工夫であると考えられる。

(2) 技法について
①視点・話者
　この詩は、蛙の視点で書かれている。話者はかえるである。人間以外のキャラクターを話者に据えることは、児童向けの詩ではよく見られる技法である。この作品が歌い上げようとしているのは、私たち人間のみならず、地上に生きとし生けるものすべてに訪れる春の喜びである。それは、人間の感覚や言葉では捉え表しきれないものであろう。蛙は冬の間暗い土の中で冬眠して、春先に土の中から出てくる。蛙は、春の日差しのまぶしさを私たち人間よりもはるかに強烈に受け取っているに違いない。

②繰り返し
　この詩には、至るところに「繰り返し」の技法が使われている。それにより、詩全体に心地よいリズム感やテンポが生み出されている。例えば、「ほっ」という感動詞は4回繰り返して出てくる。土から顔を出した蛙の第一声が「ほっ」である。「あっ」ではない。軽やかな感じの驚きの声である。「ほっとする」という言葉があるが、気持ちが安心したときのような印象を受ける。「ho」という音にも、何となく暖かいイメージが重なる。長い冬眠を経て、久しぶりに地上の世界の空気を感じた蛙のこみ上げてくる喜びが「ほっ」という言葉でうまくよく表現されている。

③声喩（オノマトペ）
　「つるつる」や「そよそよ」といった擬態語には、同音の繰り返しによる美的な響きや調子を生み出すことや、読者の五感に直接的に働きかけ、実感や臨場感をもたらすなどの表現上の効果がある。ところで、

「つるつる」や「そよそよ」は、何も特別に珍しい表現というわけではない。一見、平凡で常套的な表現のようにも思われる。しかし、この詩の話者が蛙であることを踏まえ、春の到来に心を弾ませている蛙の心情が「つるつる」と「そよそよ」によって生き生きと表現されていることを読み逃さないようにしたい。
　「ケルルンクック」は、草野心平ならではのユニークな擬声語である。もちろん蛙の鳴き声を表現したものであるが、「ケロケロ」「ゲロゲロ」などのような常套的な擬声語とは全く違う魅力にあふれた表現である。声に出して読んだとき、k音の重なりや、撥音・促音によって生み出される新鮮な響きと心地よいリズムを味わうことができる。「『ケルルンクック』を人間の言葉に置き換えてみよう。」などの試みはされてもよい。しかし、これはやはり喜びを歌う蛙の言葉であり、「ケルルン　クック」と言う外はないのである。何度も「ケルルン　クック」と口真似しているうちに、蛙に同化して楽しさや喜びが体中に満ちてくる。

④対句
　　一連　　ほっ　まぶしいな。
　　　　　　ほっ　うれしいな。
　「ほっ○○○○な。」の繰り返しにより、心地よいリズム感が生まれている。地上に顔をのぞかせた蛙のかわいらしさが感じられるような、軽やかな調子である。
　　二連　　みずは　つるつる。
　　　　　　かぜは　そよそよ。
　三音、四音の反復により、心地よいリズム感が生まれている。また、春の訪れを「水」と「風」で象徴的に表し、対句で両者のコントラストを際立たせたことにより、空間的な広がりのある春の景色を読者に想像させることに成功している。
　　三連　　ほっ　いぬのふぐりがさいている。

ほっ　おおきなくもがうごいてくる。
　ここでも、対句の表現により、両者のコントラストが際立っている。
　〈いぬのふぐり〉　――――――　〈くも〉
　　・地面　　　　――――――　・空
　　・小さい　　　――――――　・大きい
　　・動かない　　――――――　・動く
　　・青い　　　　――――――　・白い
　話者である蛙に同化して、蛙の視点からここに描かれている風景を想像してみることで、詩の世界をより創造的に味わうことができる。
⑤漢字・仮名交じり書きと仮名書きの使い分け
　この詩は前書きは、普通の散文のように漢字・仮名交じり書きとなっている。それに対して、一連から四連までは、すべて仮名書きである。ここには明らかに作者の意図がある。前書きは作者のことばであり、現実の世界であるとすれば、一連以下は蛙のことば、言ってみれば虚構の世界である。漢字・仮名交じり書きから仮名書きへの変化は、読者を現実の世界から虚構の世界へと引き込む仕掛けの一つであると見てよいだろう。
⑥字空け
　この詩では、至る所に「字空け」が見られる。これは、作者によって意図的に行われているものと思われる。
　一連　ほっ　まぶしいな。
　　　　ほっ　うれしいな。

　二連　みずは　つるつる。
　　　　かぜは　そよそよ。
　　　　ケルルン　クック。
　　　　ああいいにおいだ。

　　　　ケルルン　クック。

　このように、どの行も同じ長さに揃っている。視覚的構造を整えられたことも、字空けを用いた効果の一つである。しかし、それはどちらかと言えば副次的なもののような気がする。字空けによる効果は、言葉と言葉の区切れを示すことにより、前後の言葉に新たな響き合いが生まれ、言外のイメージが醸し出されることにある。例えば一行目では、「ほっ」の後に字空けがある。真っ暗だった地中から顔を出した蛙は、思わず目を細める。それはほんの一瞬のことかもしれないが、字空けがあることによって、その映像がスローモーションのように目に浮かんではこないだろうか。二行目にも「ほっ」の後に字空けがある。地上の明るさに目が慣れるまではしばし時間がかかるであろう。ようやく目が慣れてきて辺りを見回すと、そこにはすっかり春が訪れていたのである。「ほっ」から「うれしいな」までの間の時間の経過を、字空けによって表現していると読める。

(3) 主題について
①題名
　題名がその詩の主題に深く関わっている場合が少なくない。この詩の題「春のうた」は、春の到来に心を躍らせて「ケルルン　クック」と鳴いている蛙の鳴き声を比喩的に表現したものである。「うた」が平仮名表記であることにより、意味的な広がりが生み出されている。
②主題
　長い冬の間に懸命に自分を養い、守りぬき、春の目覚めを迎えた蛙が、その喜びを歌い上げている。それは、今、新たな一年の生命の営みを始めた地上に生きとし生けるものすべての生命に対する讃歌である。

3 単元計画

(1) 単元名
4年生 『詩のことば』のおもしろさを読み味わおう

(2) 単元の目標
①対句、声喩、繰り返しなど、詩に用いられている表現の工夫（詩の技法）に着目し、その効果を考えることを通して、イメージをふくらませながら詩の世界を読み味わおうとする。
②詩のリズム感や音の響きを感じ取りながら、言葉の軽重、速さ、間の取り方などに気を付けて音読することができる。
③詩に用いられている表現の工夫（詩の技法）に着目し、それらが作品上でどのような効果を上げているか考えることができる。

(3) 単元を構想するに当たって
　『春のうた』は、冬眠から目覚め地上に出てきた蛙が話者となり、春の到来の喜びをうたい上げる詩である。"蛙の詩人"の異名をもつ作者による「ケルルン　クック」という声喩の繰り返しが印象的である。蛙の歌声は、春を迎え新たな命の営みを始めようとしている、地上に生きとし生けるものすべてに対する讃歌である。
　『春のうた』は、たいへん平易なことばで綴られており、4年生の子どもならば抵抗感なく楽しく読むことができる。しかも、リズムや響きのおもしろさ、レトリックのおもしろさ、発想のおもしろさなど、表現の工夫にあふれた作品である。それらを子どもたちはおそらく直観的・感覚的に捉え、「この詩はおもしろい」という感想をもつことが予想される。その時、「ただ何となくおもしろい」という段階で終わらせない

で、「なぜ、おもしろいんだろうか」という問題意識にまで高めていくことが大切になってくる。例えば、「ケルルン　クック」という声喩のおもしろさを追究するのであれば、次のような問いかけが考えられる。
・よく使うケロケロやゲロゲロとケルルン　クックでは、どう違うだろう。
・4回出てくるケルルン　クックは、全部同じ意味か、それとも違うか。
・どうして最後だけケルルン　クックが2回繰り返されているのだろう。

　このような問題を追究する中で子どもたちは、一般に文学的作品に用いられる数々の表現の技法を見いだすであろう。表現の技法に着目しその効果を考えることは、「何が表現されているか」「何を表現しようとしているか」という詩の内容の理解を深めることにつながる。それは、詩のことばから自分なりのイメージをふくらませ、詩の世界を豊かに読み味わうことにほかならない。表現の技法に着目して詩の読み取る学習活動を通して、子どもたちが詩のことばのおもしろさに触れ、ものの見方や感じ方・考え方を広げたり深めたりすることができるように、学習の展開を工夫したい。

(4) 単元の構想（総時数4時間）

時	学習活動	教師の主な指導
1	【ねらい】音読を通して詩のリズム感や響きのよさを味わうとともに、それらを生み出している表現の工夫（詩の技法）に目を向けることができる。	
	①本単元の学習の見通しをもつ。	●詩の学習に興味・関心をもって取り組めるように、童謡『かえるの合唱』の歌詞を導入教材として用いながら、『春のうた』との新鮮な出会

	②『春のうた』を音読する。	いを演出する。 ●詩のリズム感や音の響きのよさを十分に感じ取ることができるように、全員で読んだり、役割を決めて読んだり、様々なやり方で音読を楽しむ活動を取り入れる。
	③『春のうた』の言葉や表現には、どんな工夫がされているか話し合う。 【学習課題】 『春のうた』に使われている表現の工夫を見つけよう。	●全員が自分の意見をもって話し合いに参加できるように、ワークシートを用意し、自分の考えを書き留める時間を保障する。 ●グループの話し合いを円滑に行うことができるように、グループを巡回しながら、注目すべき語句を絞り込んで示したり、他のグループの進捗状況を紹介したりするなど、各グループに応じた助言を与える。
	④本時の学習のまとめをし、次時の学習の見通しをもつ。	●擬態語が詩の技法として一般に用いられている表現の工夫であることを実感として捉えることができるように、補助的な教材を用意しておき、ほかの詩に用いられている例を紹介する。
2 (本時)	【ねらい】声喩、繰り返しなどの表現の工夫（詩の技法）がどのような効果をもたらしているか、考えることができる。	
	①本時の学習課題をつかむ。	●本時の課題を全員が意識できるように、前時の学習で子どもたちが指

	【学習課題】 『春のうた』の表現の工夫を読み味わい、その効果を考えよう。 ② 表現の工夫（詩の技法）がどのような効果をもたらしているか話し合う。 ・「ほっ」 ・「つるつる」 ・「ケルルン　クック」 など ③ 本時の学習のまとめをし、次時の学習の見通しをもつ。	摘した詩の中の「気になる言葉・表現」をふり返るとともに、詩を全員で音読する時間を十分に取り、学習の雰囲気作りに努める。 ● 声喩の音声的な効果のみならず、強調の効果や感覚に働きかけ実感を持たせる効果などを捉えることができるように、他の表現との差異に着目することで、その形象を具体的に読み取るように促す。 ● できるだけ多くの子どもの意見を引き出すことができるように、発言が停滞した場合などには隣同士や小グループによる話し合いの場を設け、巡回して助言を与える。 ● 話し合ったことが全体のものとなり、次の時間の活動に生かされるように、論点の焦点化と内容の収斂に努める。 ● 表現の工夫の効果を味わいながら皆で音読を楽しむ時間を確保し、次時への意欲付けを図る。
3	【ねらい】声喩、繰り返しなどの表現の工夫（詩の技法）の効果を考えながら音読の仕方を工夫することができる。	
	① 本時の学習課題をつかむ。	● グループごとに音読の工夫を考える際のヒントとなるように、「一人で」「二人で」「男女別で」など役割を決

		めた読み方の例や、ある部分をリフレインして読む読み方など、音読の工夫の例を全員で試してみる時間を設ける。
	【学習課題】グループで『春のうた』の音読の仕方を工夫し、お互いの音読を聞き合おう。	
	②グループで音読の工夫を話し合い、音読の練習をする。	●他のグループの音読を聞き、自分たちの音読に生かすことができるように、ペアのグループ同士で中間発表をする場を設ける。
4	①音読を聞き合い、感想を述べ合う。 ②本単元の学習のふり返りを書く	●特徴的な音読の工夫が見られたときは、「なぜそのような音読したのか」と問い返し、読み取ったことを意識して表現につなげることの大切さに気付かせたい。

4 授業案と授業記録

第2時（2／4）
日　時：2008年10月30日（木）10時50分〜11時35分
学　級：4年A組（男子19名、女子15名、計34名）
授業者：熊谷　尚

(1) 本時の授業案
①ねらい
　声喩、繰り返しなどの表現の工夫（詩の技法）がどのような効果をも

たらしているか、考えることができる。
②評価規準
　「ほっ」「つるつる」「ケルルン　クック」などに着目し、声喩や繰り返しの効果（リズム感を生む、感覚に働きかけて実感を生む）を考えることを通して、詩の世界を自分なりに読み味わっている。
③展開

学習活動	教師の指導　評価
①「春のうた」を全員で声を合わせて音読する。 ②学習のめあてをもつ。 【学習課題】 『春のうた』の表現の工夫を読み味わい、その効果を考えよう。 ③表現の工夫（詩の技法）がどのような効果をもたらしているか話し合う。 i「ほっ」を読む。 ii「つるつる」を読む。	●詩を全員で音読する時間を十分に取り、学習の雰囲気作りに努める。 ●本時の課題を全員が意識できるように、前時の学習で子どもたちが指摘した詩の中の「気になる言葉・表現」をふり返る。 ●「ほっ」は、長らく見ることのなかった地上のまぶしさへの驚きの表現であるが、そこには春の訪れを喜ぶ充足感が満ちあふれている。「あっ」や「わっ」などとの差異を考えさせながら、「ほっ」に込められた蛙の心情を十分に読み取らせたい。 ●「つるつる」は普通、表面が滑らか

	なものの手触りなどを表す。そこで、「水はつるつる。」という表現への違和感を感じさせつつ、「なぜ水がつるつるしているのか。」と問い返すことで、話者の視点に立ってその心情を読み取ることができるようにしたい。
ⅲ「ケルルン クック」を読む。	● 作者が敏感な心で注意深く聞き取った蛙の鳴き声を感じたままに素直に表現したのが「ケルルン クック」である。k音の重なりや撥音によって生まれる独特のリズムや響きを発見させたい。
	● この時間で着目した形象は、2行目の「うれしいな」という話者の心情に収斂していくことを子どもたち自身が発見できるような授業の展開に努めたい。
	声喩、対句、繰り返しなどの表現の工夫（詩の技法）がどのような効果をもたらしているか、考えることができる。（発言、話し合い、ノート）
④読み取ったことを生かして、もう一度全員で「春のうた」を音読する。 ⑤本時の学習のふり返りをシートに書く。	● 子どもたちが学習の成果を実感できるように、子どもたちの音読を聞き、初めの音読との変容を捉え、称揚する。

(2) 授業記録とコメント
①音読・学習のめあての確認
教師1　では、今日も音読から始めたいと思います。はい、立ちましょう。
　　　　（移動黒板に貼った詩の拡大コピーに子どもの視線を集中させてから一斉読に入る。）気持ちをそろえて……。どうぞ。
子ども　（全員で音読）春のうた　草野心平……。
教師2　うん、いいですねえ。気持ちもそろっていたし、声もとっても明るくて元気でした。では、今日の学習のめあてを書きましょう。（子どもたち、ノート。）昨日は「工夫したところを見付けよう」だったでしょう。今日は、それがちょっと進化しますよ。
子ども　（口々に）進化、進化……。
教師3　（板書しながら）「春のうた」のことばの工夫の……。昨日は工夫を見つけて終わったので、今日は……。「秘密を探ろう」。
子ども　（口々に）ひみつをさぐろう！
教師4　うん、探っちゃいます！「ひみつ」っていう言葉はみんなのふり返りからもらったんです。何人かの人がね、「ひみつがいっぱい見つかった」というふうに書いてあったの。だから今日は、それを探っていきたいと思います。

コメント1：全員音読により、詩のリズムと内容を体で再認識させた。文学の授業では、この過程は重要である。次いで、「今日の学習のめあて」を確認し、学習の構えを作っていった。この辺りでは、特に子どもたちの視線、口の動きを、教師は丁寧に把握しておくことが重要である。

（ここまで5分）

4 「詩のことば」のおもしろさを読み味わおう

② 「ほっ」を読む

教師5　じゃあ、こっちを見ましょう。(移動黒板に全員の視線が集まるまで待つ) では、ここから始めます。みんなで読みましょう。はい。

子ども　(全員で)「ほっまぶしいな。ほっうれしいな。」

教師6　この「ほっ」っていうのが何となく不思議だなあって感じた人が多かったよね。あっ、ごめん。ノートを取るの、ちょっと我慢。ノートを取っちゃうと話し合いに集中できなくなるから。最後に、ノートを取る時間をあげますので、こっちに集中してね。「まぶしいな」ってこれ、何がまぶしいんだろうね。

子ども　(口々に) 太陽。光。お日様。

教師7　何でお日様がまぶしいんだろう？ 特別にまぶしいの？

子ども　土の中が暗くて、地上に出てきて明るいなと思ったから。

教師8　どこに書いてあった？ どこを読んでそれが分かったの？

子ども　「春になると地上に出てきます。そのはじめての日のうた」と書いてあるから、土の中は暗くて、地上に出てきてはじめて太陽を見たから、まぶしいんだと思います。

教師9　今のKさんの意見、みなさん、どうですか。(多数がうなずく)

教師10　(前書きを指して) この中で特にどの言葉にひっかかった？

子ども　(口々に) 初めての日。

教師11　ああ、初めて。初めてだとどうしてまぶしいの？

子ども　ずっと土の中にして暗いのに慣れていたから、出たばっかりで明るさに慣れていないんだと思います。

教師12　うん、みなさん、どう？　先生もそう思います。暗い所にずっといて出てきたから、特にまぶしかった。まぶしいから「ほっ」って言ったんだよね。じゃあ、「ほっ」って言ったカエルさんは、どんな気持ちだと思う？

子ども　うれしい。
子ども　うれしいんだ。うれしい……。
子ども　びっくりしてる。
教師13　何でびっくりしたの。
子ども　（口々に）まぶしすぎるから……。まぶしいから興奮して……。
子ども　ああ、だからびっくりした。
子ども　驚いたんだ。
教師14　うん、驚いた、びっくりした。（「びっくり」と板書）でも、ちょっと考えてみて。みんな、普段の生活で、びっくりしたときに「ほっ」って言ったことある人、いますか？
子ども　（笑い）ないない。「わっ」って言う。
教師15　「ほっ」ってびっくりしたときに言わないよね。みんな、びっくりしたとき、何て言う？
子ども　（口々に）「わっ」「ひいっ」「ぎゃあ」……（笑い）
教師16　先生だったらねえ、「あっ」って言う。（大げさに）「あっ」って。
子ども　（口々に）うーん、ああ。あるある。「はっ」とも言う。
教師17　こういうみんなが使っているびっくりとさ、この「ほっ」を比べてみようよ。
子ども　（口々に）ああ、何か……。意味が違う……。
教師18　「ほっ」っていうびっくりと、じゃあどうしようかな、みんなが最初に出した「わっ」を代表にして、「わっ」というびっくりだと、どういう違いがあるかなあ。
子ども　何か、安心してる……。
教師19　ん？　安心してる？　安心しているのはどっちの方？

4 「詩のことば」のおもしろさを読み味わおう

子ども　（口々に）「ほっ」の方……。
教師20　ああ、「ほっ」は、びっくりしたけど、安心もしている。（「安心」と板書）じゃあ、こっちは？
子ども　（口々に）ドキドキ。不安。お化け屋敷の感じ。
教師21　ああ、不安。お化け屋敷はどうなの？
子ども　怖い。
教師22　怖いとき、「わっ」っていうのね。（「不安」「こわい」と板書）ほかに、どんなときに「わっ」って言うかな。みんなで一回「わっ」って言ってみようか。
子ども　（口々に）「わっ」
子ども　驚いたときに言う。
子ども　何か、いきなり虫が出てきたときとかに「わっ」って言う。
教師23　そっかあ……。じゃあ、こういうのに比べて、「ほっ」の方はどうなんだろう？
子ども　びっくりしたけど、いつもと同じ場所だからほっとしている。
教師24　（大げさにうなずいて）もう一回、くわしく言って。今、すごくいいこと言ったような気がした。
子ども　土の中から出てきて、いつもと同じっていうか、冬眠する前と同じ雰囲気だったから、ほっとしている。
子ども　ああ、ほっとしている。分かる分かる。
教師25　みんな、今、Ｎさんが言ったこと分かる？　一瞬まぶしくて、「あれ」？と思ったけど、「ああ、ここはぼくの大好きなあの場所だ」と気付いて、いつもと同じで安心した、ほっとしたっていうことね。今、「ほっとした」って言ったよね。
子ども　（口々に）あぁ。ほっとしたの「ほっ」……。
教師26　あれ、ほっとしたの「ほっ」と似ているねえ。偶然の一致だ。

> コメント2：「ほっ」という表現を、「わっ」などとの差異を意識させながら読み深めていった。このように近接した他の表現との差異を意識しながら読むことは、読みを深める上で効果的であった。子どもたちは、春が来たことへの驚きと同時に、安心、うれしさなどを、「ほっ」から読み取っていった。

（ここまで13分）

③「みずはつるつる。」を読む

教師27　さあ、じゃあもう少しいこうね。（拡大コピーを見ながら）今度はどこにいこうかなあ……。ここだな。
子ども　（口々に）そこそこ。つるつるはおかしい。
教師28　じゃあ、ここ読みますよ。さん、はい。
子ども　（全員で）「みず　つるつる。かぜは　そよそよ。」
教師29　これは、復習。「つるつる」と「そよそよ」は何だったっけ？
子ども　（口々に）えっと、何だっけ。擬声語、擬態語。オノマトペ。
教師30　そうそう、オノマトペ。

> コメント3：子どもたちには、「擬声語」「擬態語」、そしてそれらをまとめて「オノマトペ」と言うことは、既に教えてある。こういった鍵となる学習用語は、計画的に少しずつ教え、そういうところに詩や小説の仕掛けや面白さが隠れていることを指導している。子どもたちは、詩などを読む際に、そういったレトリックが仕掛けられているところに着目するという読むための方法を身に付けつつある。

教師31　うん、「ほっ」もだね。「ケルルン　クック」もだ。じゃあ、「みずは　つるつる。」を考えます。（「みずは　つるつる。」と板書）

子ども　（口々に）水はつるつるじゃないよね。違うよね。
教師32　これはですね、だれのふり返りだったかなあ、「そよそよ」は分かるんだって。「かぜは　そよそよ。」はよく分かるけど、「みずは　つるつる。」はよく分かりませんって書いていた人がいました。「そよそよ」はまあ普通なんだけどねえ……。どう？「みずは　つるつる。」は普通ですか？
子ども　（口々に）普通じゃない。何か変。
教師33　変？　じゃあ、何で変なんですか。はい、どうぞ。
子ども　水はつかめないので、つるつるとは言えないと思います。
教師34　つかめない。付け足しの人、いますか。はい、どうぞ。
子ども　水はつるつるっていうか、ジャージャー。
子ども　（つぶやき）触れない。
教師35　ん？　何て言った？
子ども　触れない。
子ども　Kさんに付け足しで、つるつるっていうのは、固体のものが安定していて、それが滑るという意味だと思うから、水は触れなくて固まっていないから、つるつるとは言えないと思います。
教師36　何だか物理学者のようなことを言ってくれましたが、滑るっていうことですか。（発言した子、うなずく。）
子ども　付け足しで、今Kさんが言ったように、つるつるっていうのは固体を表していて、固体を磨いて、触ったら滑りそうなときにつるつるしているとかって使うから、あんまり液体の水には使わないと思います。
教師37　ああ、（身振りしながら）占い師が使うこういう玉、つるつるしていませんか。

子ども　（口々に）うんうん、つるつるしている。
教師38　じゃあ、これ、間違ってるんだね。草野さん、間違って使ったんだ。「みずは　つるつる。」って、これ、だめだね。
子ども　（口々に）ん？　違う。だめじゃない。はいはい！
教師39　だめじゃないの？　だって、「みずは　つるつる。」って使わないって言ったじゃないですか。
子ども　（口々に）合うのを見つけた。つるつるでもいい。
教師40　（数人が挙手したが制して）よし、ここはちょっとねえ、グループで相談してみよう。「みずは　つるつる。」でもいいよって言った人がいたから、どうしてそう思ったか、グループで相談してごらん。
　　　　（グループの話し合い、1分程度。教師は机間指導する。ここでは特に「つるつる」から想起される水の様子を想像させる助言を与えた。）
教師41　はい、やめ。何かいい考えが出そうだ。何かひらめいたよっていうグループの人、教えてよ。（大半のグループが挙手。）じゃあ、一番、二番、三番で順番にどうぞ。（発言するグループの順番を告げる。）
子ども　水と氷が……。えっと、まだ春だから冬の氷が残っていて、（ああ、という声が上がる）水と氷があるからつるつるしている。
教師42　秋田もそうだよね、もう春だって言っても、ときどき学校に来るときとか、道路が凍っていて滑ったりしますね。氷もちょっとあったかもしれないというんだね。すごい。はい、次のグループ、どうぞ。（「こおりがとけた」と板書）
子ども　えっと、見ただけで、何かつるつるしてそうに見えるっていうか……。見た感じがつるつるしてるんじゃないかって……。

4 「詩のことば」のおもしろさを読み味わおう

教師43　見た感じ。ちょっとみんな想像して。水が見た感じでつるつるしているっていう感じ、分かるっていう人？（うなずく子が多い）プールなんかの水を見たときに、あれがつるつるしているっていうふうに表現しても変じゃない？
子ども　（口々に）変ではない。分かる気がする。
子ども　まったく動いていないのだから……。平面上の……。
教師44　ああ、だれも入らないプールなんかの……。
子ども　ピーンとなっているところ。
教師45　うんうん、見た目ね。目で見た感じがつるつるする。なるほどねー。次のグループどうぞ。また違うことを言うかもしれないぞ。
子ども　カエルが久しぶりの水だから、触ってみて、そして（手の指をこすり合わせるしぐさをしながら）こうやってやってみて手が水のおかげでつるつるするから。（よく分からないというような反応の子どももいる）水に触ったら、手がつるつるしたの。
教師46　今、Ｔさんが言ったこと、分かったっていう人、付け足して話してくれる？
子ども　触ったか、泳いだかは分からないけれど、そういうことをして、久しぶりの水で気持ちいいなあということだと思う。それで、「つるつる」って使ったんだと思う。
教師47　そばに川とか池とかがあったのかもしれない。水を触って、触った手を（身振りしながら）こうやってやったら？
子ども　（口々に）つるつる。
教師48　泳いだとするよ。（身振りしながら）じゃぽーん。出てきたとき、体に水が付いていて、こうやって触ったら、どう？
子ども　（口々に）つるつるする。気持ちいい。
教師49　気持ちいいよね。（「さわったときおよいだとき」と板書）気

　　　　持ちよければ、どうなるんですか。
子ども　（口々に）楽しい。あっ、うれしくなる。
教師50　（拡大コピーを指して）どこにつながっていくかな。
子ども　うれしいな。2行目。
教師51　うん、（板書を囲んで）こういうのが、「うれしいな」につながっているかもしれませんね。（「うれしいな」と板書して、線でつなぐ）うーん、だいぶ分かってきたね、「つるつる」。（うなずく子どもが多い。）

> コメント4：この授業では、グループによる話し合い・意見交換を重視した。個々で考えたことをグループ内で交流し合うことにより、読みに広がりや深まりが見られた。また、グループで話し合ったことが自信につながり、全体の場での発表意欲が大いに高まった。授業が一気に活気付いた。そして、「つるつる」から読み取ったことが一連の「うれしいな。」につながっているという、前後の形象を関連させた読みにまで話が及んだ。子どもたちは、集団で思考することのよさを実感したことであろう。

【最終板書】

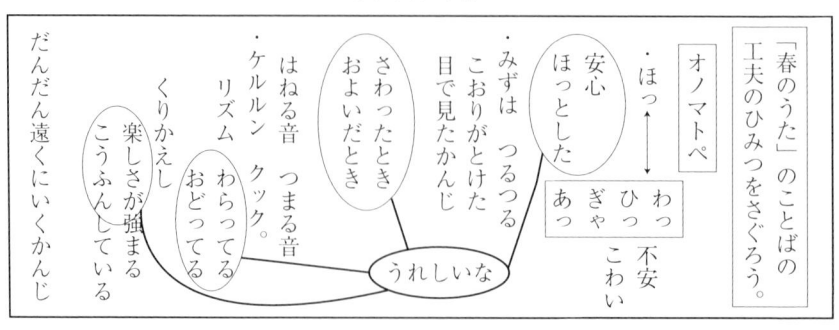

「春のうた」のことばの工夫のひみつをさぐろう。

オノモトペ
・ほっ ↔ 安心 ほっとした
・わっ／ぎゃ／ひゃ／あっ　不安　こわい

・みずは　つるつる　こおりがとけた目で見たかんじ
　さわったとき　およいだとき　→　うれしいな

はねる音　つまる音
・ケルルン　クック。リズム
　くりかえし　わらってる　おどってる　楽しさが強まる　こうふんしている

だんだん遠くにいくかんじ

5 成果と今後の研究課題

(1) 授業の成果と課題
　詩の技法を取り上げる授業はこれまでもなされてきたが、「ここは擬人法を使っているね。」「こういうのを倒置法と言うんだよ。」といった具合に、技法の説明で終わってしまう授業が少なからず見られた。今回はそのような表面的な指導から一歩抜け出し、「詩の技法」に着目し、そこから何が読み取れるか、さらにその技法が使われていることによってどのような表現上の効果が出ているかについて検討することができた。その際、言葉の差異性を読むこと（「ほっ」と「わっ」の対比）や語り手の視点で読むこと（「みずはつるつる。」を語り手の触覚と視覚の両面から捉える）は、読みを深めるための手立てとして効果的であった。子どもたちは、詩人の優れた表現技能によって生み出された「詩のことば」に触れ、その奥にある詩人の思いを共感的に読み取っていた。課題としては、子どもの気付きを教師が十分に生かし切れなかったことが挙げられる。例えば、「みずはつるつる。」を読む場面では、語り手の触覚に視点を当てた読みにウェイトをかけ過ぎてしまい、視覚に視点を当てた読みが浅いままになってしまった。授業後の感想に「水面が光っている。」という記述も見られたが、授業の中で十分に引き出せなかったことは反省しきりである。

(2) 今後の研究の方向性
　今回は教師のリードによって詩を読み味わったわけだが、いずれは教師の手を借りなくともそういう読み方ができるようにしていきたい。いろいろな詩に出合ったとき、ただ漫然と読み流すのではなく、「詩のことば」から豊かにイメージを広げたり深めたりすることができるように、

さらには、「この詩のここが好き」とか「この表現はうまい」などというように、批評的な読み方ができるようになってほしい。そのような主体的な読み手を育てるための授業づくりに今後も力を注いでいきたい。

(3) 詩の読みの授業に関する教科内容の系統表試案

最後に、小学校6年間で子どもたちにぜひ身に付けさせたい詩の「読むこと」における教科内容の試案を示す。(なお、この試案は、阿部昇教授の指導により熊谷が執筆した秋田大学教育文化学部教育学研究科・修士論文（2009年度）に基づく。)

（□＝その学年で扱う内容　■＝その学年で定着を図る内容）

		教科内容	1年	2年	3年	4年	5年	6年
Ⅰ 構成	1	設定（時・場・人）を明らかにする。	□	■	■	■	■	■
	2	連を意識して全体構成を捉える。		□	■	■	■	■
	3	情景の転換点を捉える。				□	■	■
	4	全体構成（起承転結、序破急など）を明らかにする。					□	■
	5	俳句の定型（五七五の三文節十七音）を捉える。	□	□	□	□	■	■
	6	短歌（和歌）の定型（五七五七七の五句三十一音）を捉える。			□	□	□	■
	7	切れ字を捉え、その効果（形式やリズムの変化、断切による暗示や連想・強調・余情・詠嘆など）を考える。					□	□	□
	8	俳句の句切れ（二句一章・一句一章など）を捉え、相乗効果によって生まれるイメージの広がりを感じ取る。					□	□
	9	短歌（和歌）の句切れ（初句切れ・三句切れなど）を捉え、それによって生まれるイメージの広がりを感じ取る。					□	□

4 「詩のことば」のおもしろさを読み味わおう

II 音楽的技法・表現	1	反復（同語・同語句、類語・類語の繰り返し）やリフレイン（同文、類似文の繰り返し）を捉え、その効果（リズム感をつくる、心情の強さやの高まりを示す、作者の意図の強調など）を考える。	□	□	□	■	■	■
	2	声喩（擬声語・擬態語）を捉え、その効果（リズムを生む、感覚に働きかけて実感を持たせるなど）を考える。	□	□	□	■	■	
	3	韻律の特徴（五七調・七五調・頭韻・脚韻など）を捉え、その効果（リズム感をつくる、音の響きをよくするなど）を考える。		□	□	□	■	
	4	ある音が特徴的に使用されていることを捉え、その音韻的な効果（A音の明るさ、K音の硬さ、S音の繊細さなど）を考える。					□	□
	5	破調（字余り・字足らず・句またがり）を捉え、その効果（リズムやアクセントの変化・語調の強調など）を考える。					□	□
III 視覚的技法・表現	1	語・語句・行などの配置・構成を工夫し絵画的・図形的に描くことの効果（書かれた対象の姿・形をに連想させる）を捉える。	□	□	□	■	■	■
	2	字下げの工夫を捉え、その効果（リズムの変化、強調など）を考える。	□	□	□	■	■	■
	3	字空けの工夫を捉え、その効果（句読点の代わり、内容・イメージの区切れ、語句の響き合い・重なりなど）を考える。				□	□	■	■
	4	「……」や「──」などの記号を使用することの効果（省略・継続・余韻・余情など）を考える。				□	□	■	■
	5	漢字・平仮名・片仮名の使い分けの工夫を捉え、その効果（視覚的な違い、文脈と関わるイメージの違い、意味的な違い）を考える。					□	□	■
	6	平仮名書きや片仮名書きを捉え、その効果（視覚的な違いによるもの、聴覚的な違いによるもの、意味的な違いによるもの）を考える。					□	□	■

	7	行の長短の配置の工夫を捉え、その効果（詩全体を図形的に示す、リズムを生む、意味的な強調を考える。				□	□	■
	8	句読点を使用することの効果（意味内容やイメージの区切れ、リズムの緩急など）を考える。					□	■
Ⅳ 意味的技法・表現	1	直喩や隠喩を捉え、その効果（類似性による強調、多義的なイメージの広がり、象徴など）を考える。	□	□	□	□	■	■
	2	擬人法を捉え、その効果（人間的な特性、親近感、躍動感など）を考える。	□	□	□	□	■	■
	3	換喩や提喩を捉え、その効果を考える。					□	■
	4	諷喩（寓意）とその効果（教訓、風刺、やさしさなど）を考える。					□	□
	5	倒置法を捉え、その効果（感動や驚き、余情・余韻など）を考える。					□	■
	6	対句を捉え、その効果（リズム感をつくる、安定感を感じさせる、コントラストを際立たせるなど）を考える。					□	■
	7	体言止めを捉え、その効果（強調・余韻・余情・リズムの変化）を考える。			□	□	■	■
	8	色彩語を捉え、その効果（色の持つイメージの喚起）を考える					□	□
	9	感覚表現ないしはイメージ語（視覚・聴覚・嗅覚・味覚・触覚）を捉え、その効果（五感に働きかけるイメージの喚起）を考える。					□	□
	10	文末表現の変化（詠嘆・疑問・反語・断定など）を捉え、その効果を考える。					□	□
	11	特定語（否定語・呼びかけなど）や特定品詞（形容詞・動詞・名詞など）の多様を捉え、その効果を考える。					□	■
	12	数詞を捉え、その効果（即物的・客観的・瞬間的なイメージの喚起）を考える。					□	□

4 「詩のことば」のおもしろさを読み味わおう

	13	省略法（体言止め・連用中止法・字空け・記号などを）を捉え、その効果（余韻・余情・イメージの多義的な広がりなど）を考える。				☐	☐
	14	反語法を捉え、その効果（話者の言葉と反対の思いの強調）を考える。				☐	☐
	15	口語詩における文語や歴史的仮名遣いの使用を捉え、その効果（格調・抑揚・意志的な感情の表出など）を考える。				☐	☐
	16	季語を捉え、季節感や連想されるイメージを考える。	☐	☐	☐	☐	■
	17	短歌（和歌）の枕詞・序詞を捉え、その役割（情緒的な色彩を添える、語調を整える、後の言葉を連想させるなど）を考える。				☐	☐
	18	短歌（和歌）の掛詞を捉え、その役割（一つの言葉に二つの意味をかける）を考える。				☐	☐
	19	短歌（和歌）の本歌取りを捉え、その役割（ある歌の本意を借り、新しいイメージを二重に詠み込む）を考える。				☐	☐
Ⅴ 人物・視点	1	作者と話者（語り手）を区別して捉える。	☐	☐	☐	■	■
	2	同化体験（人物の気持ちになる）と異化体験（人物を外から眺める）、共体験（両者の混合）を成立させる。		☐	☐	☐	■
	3	内の目（主観視点）と外の目（客観視点）を区別する。				☐	■
	4	視点人物と対象人物、視点の転換などを捉える。				☐	■
	5	人物像の変化や心の転換点を捉える				☐	■
	6	人物の姓名・呼称の意味を考える。				☐	■
	7	人物を典型として捉える。				☐	☐
	8	話者の語り口の特徴を捉える。				☐	☐
	9	話法（直接話法・間接話法・自由間接話法）を明らかにする。				☐	☐
	10	一人称視点と三人称視点の効果を明らかにする。				☐	☐

195

VI 主題	1	言葉や表現から心情や情景を想像する。	□	□	■	■	■	■
	2	言葉や表現を根拠にしながら、自分なりに主題を捉える。			□	□	■	■
	3	題名の意味を考える。				□	■	■
	4	作品全体を俯瞰し、主題についての多様な読みの可能性を考える					□	■
	5	言葉や表現の象徴性を考える。						□
	6	作調（明暗、喜劇、悲劇、叙情、感傷、風刺、ユーモア、アイロニー、パラドックスなど）を明らかにする。						□
VII 批評	1	詩の中から、好きな言葉や表現を見つける。	□	■	■	■	■	■
	2	技法や表現の工夫を見つける。		□	■	■	■	■
	3	技法や表現の工夫がどういう効果を上げているかを自分なりの考える。			□	□	■	■
	4	作品全体を俯瞰的に捉え、内容・表現の両面から作品のよさを考える。				□	□	■
	5	作者のものの見方や感じ方・考え方を捉え、それに対する自分なりの考えをもつ。					□	■

引用文献
(1)『小学校学習指導要領解説国語編』東洋館出版 2008 年 97 頁
(2) 嶋岡晨「詩の技法と鑑賞」『現代詩の解釈と鑑賞事典』旺文社 1979 年 758～759 頁

参考文献
(1) 日本言語技術教育学会長岡支部『「詩の技法」をどう教えるか』明治図書 1997 年
(2) 日本言語技術教育学会長岡支部『小学校の詩 30 編をどう教えるか』明治図書 2000 年
(3) 西郷竹彦『新版詩の授業・理論と方法』明治図書 1998 年
(4) 阿部昇『力を付ける「読み」の授業』学事出版 1993 年

〈秋田大学教員による授業解説〉
ことばの教育としての詩の指導改革に踏み出した確かな一歩

成田雅樹
(秋田大学)

　熊谷尚先生の実践「『詩のことば』のおもしろさを読み味わおう――4年生『春のうた』(草野心平)――」について、筆者が考える成果と課題を述べる。

1　成果

(1) 従来の指導への問題意識と自らの提案が明確である
　本実践はいかなる動機から構想されたか。それは、従来繰り返されてきた「音読」「暗誦」「視写」「描画」に終始する、感覚的で無自覚なまま進められる詩の鑑賞指導に対する問題意識であった。この問題を解消するために熊谷先生は、「詩の技法」に着目して、詩の表現を言語形式の面からメタ的に見つめ、表現効果を検討する自覚的な読みを行うことを提案している。
　言語形式に注意して、いわゆる「述べ方」を評価する学習は、PISAで明らかになった我が国の児童・生徒の弱点、つまり従来の国語科教育の弱点を克服する方向を示唆する提案と言えるであろう。

(2) 教科内容(詩の技法の検討)とその系統の案を明確にしている
　Ⅰ：構成 (9技法)、Ⅱ：音楽的技法・表現 (5技法)、Ⅲ：視覚的技法・表現 (8技法)、Ⅳ：意味的技法・表現 (19技法)、Ⅴ：人物・視点 (10技法)、Ⅵ：主題 (6技法)、Ⅶ：批評 (5技法) の教科内容を立て、

それぞれを指導する学年（□）＊と定着を図る学年（■）＊に配当している。実に7類別で62事項である。大変詳細で具体的な教科内容案である。

＊「□＝その学年で扱う内容」「■＝その学年で定着を図る内容」となっているが、本稿では「指導する学年」「定着を図る学年」と言い換える。

　国語科は他教科に比べて教科内容が曖昧で、未だに定説を見ないといわれている。国語科教育の中でも雰囲気だけで取り扱われることが多かった詩の学習に教科内容案を示したことを考えると、国語教育界全体に対する寄与は決して小さくはない。

(3) 教科内容案をもとに教材研究の観点を明らかにしている

　熊谷先生が提案する教科内容は、実に7類別で62事項である。これらの中から指導対象学年に配当されている事項を選び、さらに当該単元の教材（詩「春のうた」）に用いられている技法に絞り込んだ上で、教材の表現に即した教師の解釈が述べられている。もちろんこれは児童の反応予測をふまえたものであろう。

　特徴的なものとしては、例えば4連構成の3連目（起承転結の「転」）で行の長さが変化することによって視覚的にも「転」を認識できるという分析が挙げられる。これは、「Ⅰ：構成」であると同時に、「Ⅲ：視覚的技法・表現」でもある。このことから、熊谷先生の提案する教科内容案の各事項は相互補完的な関係にあるということを念頭に置いて活用すべきである。

　また「ケルルン　クック」という声喩（擬声語）については、「Ⅱ：音楽的技法・表現」という観点から、「K音」（か行音）の硬さという分析をしている。音義説（ことばの音と意味には必然的な関係があるとする考え方）が退けられている現在、大胆な解釈とも思えるのだが、これが声喩であることを考えると単なる恣意でかたづけることができない指

摘である。これに関してはさらに、授業において「ゲロゲロ」や「ケロケロ」との比較（ずらし）を行い、清音の軽さや「ケラケラ」（笑い声）との類似、「ケルルン」の「ルン」の反復による「ルンルン」といううきうき感や踊り出したい気分などを読み味わった様子が板書記録・「単元を構想するに当たって」から分かる。

　さらに、「前書き」に着目させることで、詩の本文との違いを意識させることができるであろう。「前書き」は、この詩に特有の部分と考えることもできるが、他の文学的文章を読む場合にもこのような虚構の重層構造に着目させることが有効である。ただし、熊谷先生の「前書きは作者のことば」「現実の世界」という解釈の妥当性については、にわかに首肯しかねる。すべて虚構であり、前書きは語り手（虚構装置）のことばと解釈することもできる。

(4) 詩を読み味わう学習の基本的指導過程が示されている

　「単元の構想」から、全4時間を次の様な3段階で指導する意図が読み取れる。
　　表現の工夫（詩の技法）を　①見つける・目を向ける（第1時）
　　　　　　　　　　　　　　　②味わい効果を考える（第2時）
　　　　　　　　　　　　　　　③読み声に具現化する（第3・4時）
　また、それぞれの段階で次のような手立てが講じられている。
　　リズムや響きのよさに　①気付くために→音読
　　　　　　　　　　　　　②気付きを書き留めるために→シート
　　　　　　　　を　③味わい考えるために→「ずらし」を行う
　　　　　　　　を　④表現するために→群読
　音読や群読を、単なる「活動」とするのではなく、「詩の技法」を読み味わった上での解釈の表現（言葉で説明するのではなく、パフォーマンスで伝えるオーラル・インタープリテーション）として行うことで、

詩の解釈を深めることに有効に機能させている。

例えば、「ほっ　まぶしいな。」「ほっ　うれしいな。」の「ほっ」は、どのような心情の表れと解釈するかによって、読み方が変わる。土から顔を出してまぶしくて「驚いた」と解釈するか、長い冬眠からさめて地上に出られて「安心した」と解釈するかによって、その解釈を表現する読み方には違いが出てくるであろう。

(5) 詩の技法を発見的に読み味わうための発問の重要性を指摘している

「『詩の技法』に着目した問い」として、「キリン」（まど・みちお）を例に5つの発問が示されている。

「詩の技法」に着目させ、その表現性を検討する授業を行うためだけであれば、こうした発問でなくてもよい。つまり、教師が着目すべき箇所と着目の仕方を指示し、表現性について解説すればすむのである。

しかし、これでは「教え込み」であり、児童が自力で詩を読み味わい、言語力を獲得・向上させる授業にはならない。教育の究極の目標のひとつは自立した学習者を育てることであろう。そのために、こうした発問の検討が重要なのである。

熊谷先生の修士論文「比喩法・反復法に着目した詩の読解指導に関する実践的研究―詩の多義性を生かし発見的に読み味わう―」（2010年3月秋田大学大学院教育学研究科）に「発見的に読み味わう」という文言がある。熊谷先生のめざす授業像とこのような発問の検討は不可分の関係であることが分かる。

熊谷先生が問題有りとする従来型の発問と熊谷先生が提案する発問の違いを具体的に指摘すると、以下のようになる。

①従来型の発問には着目すべき表現が示されていない。一方、提案する発問は「開いた問い」でありながら、具体的に着目すべき表現（足があるくよ）や、検討すべき内容（「足で」ではなく「足が」にした理

由・「足で」と「足が」の表現性の違い）を明確にしている。
　着目すべき表現には「詩の技法」（提喩・活喩）が用いられているのであり、検討すべき内容は「詩の技法」によってもたらされる表現性（キリンの大きさ・足が全体を代表するような体つき・語り手の目の位置など）そのものなのである。
　着目すべき表現と検討すべき内容の二つを示すことは、回答の範囲を限ってヒントを与える働きもしている。ヒントによって児童は考えやすくなり回答しやすくなる。範囲を限ることによって不適切な回答を未然に回避できる。従来型の発問では、「みんなにもキリンを見せたいなあ」などの回答も考えられるのである。
　②提案する発問には比較対象（「足が」に対しての「足で」）が示されている。想定できる別の表現と比較することで、原文の表現の効果が明瞭に理解できるのである。これは、いわゆる「表現をずらす」という読みの方法でもある。熊谷先生の修士論文にある「発見的に読み味わう」ための有力な方法なのである。

(6) 学習用語の指導により技法・読み味わい方の一般化が図られている

　本時の授業記録には、児童の発言を受けて教師から「擬声語」「擬態語」及びその総称としての「オノマトペ」という学習用語が提示されている。次時（3／4）では「反復」「リフレイン」等が提示されたことであろう。このように学習用語を指導することは、個別の教材の具体的な表現の工夫に名称を付与して理解を促進するだけでなく、他の詩を読む際にも共通して必要となる表現技法が存在することを認識させることになる。いったん学習用語が習得されると、以後の学習の速度や確度が増す。つまり教師の指示が迅速に正確に児童に伝わり、児童の発言が教師に正確に伝わる。学習用語とは、教科固有の専門用語であり、教科内容を示したり学習方法を示したりする。この学習用語の習得は、教科内

容の習得や学習法の学習の成否を示すバロメータであり、学習の主体者に自らの学習の自覚（メタ認知）を促すものなのである。その意味でも、熊谷先生が「声まねことば」等の「言い換え用語」ではなく正式の「擬声語」を指導したことも評価できる。低学年ならいざ知らず、どうしても概念がずれてしまう「言い換え用語」をいつまでも使い続けることは得策ではない。4年生であれば専門用語をそのまま教える方がよい。

(7) 異なる読みと出合わせ自省や読み直しを促している

「詩のことば」の多義性（様々な解釈を許容する性質）を発見するための学び合いを授業に位置づけた［①自らの読みを形成する→②グループで意見交換する→③学級全体で練り合う］という授業過程も熊谷先生の実践提案の柱のひとつになるであろう。

これは熊谷先生の勤務する秋田大学教育文化学部附属小学校の校内研究における共通実践事項に「かかわり合い」の場づくりと指導の工夫が掲げられていることを受けたものと思われるが、活動のねらいと学習形態との関係を考える上で、少なからずヒント（人数設定や単位時間内での実施位置など）を提供している。

2 課題

(1) 教科内容の系統案の完成度を高めることを期待する

例えば、指導する学年（□）を1～4年生のように示した技法は、2～4年生でも1年生の指導を受けて定着を図っていると言える。5～6年生だけが定着を図る学年（■）ではないということになる。

また、系統について「指導する学年→定着を図る学年」という順序を読み取ることはできるが、技法の相互関係（先行する技法と後続する技法との関係）が明らかになっていない。

(2) 学習指導要領・教科内容系統案・指導案の齟齬の解消を期待する

　熊谷先生は平成20年3月改訂の小学校学習指導要領国語の規定から、第5学年及び第6学年の指導事項である「伝統的な言語文化と国語の特質に関する事項」のイの（ケ）を引用し、「詩の技法」に着目すべきことを提案している。

　本実践の対象学年は4年生であるから、指導時期を早めているわけだが、その理由を述べていない。

　また熊谷先生が設定した教科内容の系統表によると、反復法については4～6年を定着を図る学年としてある。今回の指導対象は4年生であるから、反復法は既習事項ということになる。既習事項は指導案の「本時のねらい」に掲げることなのだろうか。この齟齬には、「指導する学年」と「定着を図る学年」との違いが曖昧であることが関係しているようである。

　比喩については、直喩・隠喩・擬人法の定着を図る学年を5～6年としてあり、換喩・提喩の定着を図る学年を6年としてある。これも学習指導要領の規定よりも早い。また、本実践で取り上げられた比喩（声喩）は指導をする学年を1～4年、定着を図る学年を5～6年としてある。これも学習指導要領の規定よりも指導時期を早めている。しかも授業記録から推察すると声喩はすでに学習済みのようである。

　現場の実践は、学級の実態や学習の進み具合によって学習指導要領の規定や当初の計画と異なる取り扱いで行われることがよくある。児童の実態を考慮することが第一なのであるから、柔軟に弾力的に対処すべきであるが、理由を明らかにしてほしい。その理由説明こそが、本実践を参照する読者が求めるところなのではないだろうか。

(3) 個々の発問例のみならず発問作成の原理の解明を期待する

　熊谷先生は「キリン」について、「キリンが歩いているのを見ている

人は、どんな気持ちだと思いますか。」といった発問では、詩の表現という根拠をはなれた主観的・主情的な想像のみの読みになってしまうと、問題を指摘している。

　基本的に賛成である。しかし、問題のある従来の発問と、熊谷先生が提案する詩の技法に着目して自立的に読む児童を育てるための発問との違いについて、もう一歩掘り下げた具体的な分析を要望したい。なぜなら、発問例を示しただけでは、読者が別の詩を教材にして授業を実施する際に、適切な発問を用意することができるとは限らないからである。

3　まとめ

　1項（5）と2項（3）に述べたように熊谷先生は発問の改革を提起している。熊谷先生が例示した発問には、「なぜ『足であるくよ』ではなく『足があるくよ』となるのでしょう。」のように、すべて「なぜ」という疑問詞が用いられている。従来型の発問の疑問詞は「どんな」である。どちらも任意の回答を求めるいわゆる「開いた問い」であるが、一方が「どんな」という、気持ちの内実そのものである主観的な回答を求めているのに対して、他方は理由を求め、論理的な説明を生み出しながら読むことに導いている。

　つまり、詩を含む文学的文章であっても、いや文学的文章であるからこそ、他者に自らの読みを論理的に説明できるような読み方が求められるのである。複数の根拠叙述を挙げ、その根拠と自らの意味づけとのつながりが、他者から一定程度の理解を得られるような読みが「解釈」なのではなかろうか。

　これからの詩の読み方指導では、「自覚的に読む」ことや「クリティカルに読む」ことを求めていくべきであろう。その成否は発問の意図と内容と位置にかかっているということになるであろう。

国語科の資質・能力表

※□は、資質・能力の取扱い学年、■は、定着学年を示す。
※必達規準は、学年の終了時、または卒業までに、全員に共通に習得させるべき資質・能力を指し、到達規準は、児童と教師とが、その年の学習過程の特徴や傾向に応じて、習得の程度を調整したり、工夫したりできる資質・能力を指す。

<table>
<tr><th colspan="3" rowspan="2">内　容</th><th colspan="3">学習指導要領との関連内容</th><th>1年</th><th>2年</th><th>3年</th><th>4年</th><th>5年</th><th>6年</th></tr>
<tr><td>1・2年</td><td>3・4年</td><td>5・6年</td></tr>
<tr><td rowspan="17">A
話す・聞く</td><td rowspan="9">必達規準</td><td>1</td><td>場に応じて適切な声量で話す。</td><td>A(1)ウ</td><td></td><td></td><td>■</td><td>■</td><td>■</td><td>■</td><td>■</td><td>■</td></tr>
<tr><td>2</td><td>結論を先に、理由を後につけて発言する。</td><td>A(1)イ</td><td>A(1)イ</td><td>A(1)イ</td><td>□</td><td>■</td><td>■</td><td>■</td><td>■</td><td>■</td></tr>
<tr><td>3</td><td>身近な出来事について、適切な長さでスピーチをする。</td><td>A(1)ア</td><td>A(1)イ</td><td>A(1)イ</td><td>□</td><td>■</td><td>■</td><td>■</td><td>■</td><td>■</td></tr>
<tr><td>4</td><td>相手との関係や、その場の状況に応じた言葉遣いで話す。</td><td>A(1)イ</td><td>A(1)イ</td><td>A(1)イ</td><td></td><td>□</td><td>■</td><td>■</td><td>■</td><td>■</td></tr>
<tr><td>5</td><td>頷きや眼差しなどで相手に反応を示しながら聞く。</td><td>A(1)エ</td><td>A(1)ウ</td><td></td><td>■</td><td>■</td><td>■</td><td>■</td><td>■</td><td>■</td></tr>
<tr><td>6</td><td>話の内容を落とさず、間違いなく聞く。</td><td>A(1)エ</td><td>A(1)エ</td><td>A(1)エ</td><td>□</td><td>■</td><td>■</td><td>■</td><td>■</td><td>■</td></tr>
<tr><td>7</td><td>話の中心点を理解して聞く。</td><td></td><td>A(1)エ</td><td>A(1)エ</td><td></td><td></td><td>□</td><td>■</td><td>■</td><td>■</td></tr>
<tr><td>8</td><td>相手の話に対する賛否を明確に表す。</td><td>A(1)オ</td><td>A(1)オ</td><td>A(1)オ</td><td></td><td>■</td><td>■</td><td>■</td><td>■</td><td>■</td></tr>
<tr><td>9</td><td>相手の話に口を挟まずに聞く。</td><td>A(1)エ</td><td></td><td></td><td>■</td><td>■</td><td>■</td><td>■</td><td>■</td><td>■</td></tr>
<tr><td rowspan="8">到達規準</td><td>10</td><td>起こった事柄の順序にしたがって話す。</td><td>A(1)イ</td><td>A(1)イ</td><td>A(1)イ</td><td>□</td><td>■</td><td>■</td><td>■</td><td>■</td><td>■</td></tr>
<tr><td>11</td><td>大事な事柄から話す。</td><td>A(1)イ</td><td>A(1)イ</td><td>A(1)イ</td><td></td><td></td><td>□</td><td>■</td><td>■</td><td>■</td></tr>
<tr><td>12</td><td>聞き逃したことを問い返したり、不明確な点や確かめたいことを問いただしたりする。</td><td>A(1)エ</td><td>A(1)エ</td><td>A(1)エ</td><td>□</td><td>□</td><td>■</td><td>■</td><td>■</td><td>■</td></tr>
<tr><td>13</td><td>図表や映像を提示したり、身振りや手振りで内容を補ったりして話す。</td><td>A(1)イ</td><td>A(1)イ</td><td>A(1)イ</td><td>□</td><td>□</td><td>■</td><td>■</td><td>■</td><td>■</td></tr>
<tr><td>14</td><td>複数の事柄を比較しながら聞く。</td><td>A(1)エ</td><td>A(1)エ</td><td>A(1)エ</td><td></td><td></td><td>□</td><td>■</td><td>■</td><td>■</td></tr>
<tr><td>15</td><td>必要な情報を選んで聞く。</td><td>A(1)エ</td><td>A(1)エ</td><td>A(1)エ</td><td></td><td>□</td><td>■</td><td>■</td><td>■</td><td>■</td></tr>
<tr><td>16</td><td>話し合ったことを基に、自分の問題意識を深めたり、焦点化したりする。</td><td>A(1)オ</td><td>A(1)オ</td><td>A(1)オ</td><td></td><td></td><td>□</td><td>■</td><td>■</td><td>■</td></tr>
<tr><td>17</td><td>聞いたことを正確に再現して話す。</td><td>A(1)ア、イ</td><td>A(1)ア、イ</td><td>A(1)ア、イ</td><td>□</td><td>□</td><td>□</td><td>■</td><td>■</td><td>■</td></tr>
</table>

	18	見聞きしたり、読んだりしたことについて、考えたことを話し合う。	A(1)オ	A(1)オ	A(1)オ	□	□	□	■	■	■
	19	話題に即した話をする。	A(1)イ、オ	A(1)イ、オ	A(1)イ、オ	□	□	□	■	■	■
	20	聞いたことを要約してメモする。	A(1)ア	A(1)ア	A(1)ア		□	□		■	■
	21	論理の展開を考えながら聞く。		A(1)エ	A(1)エ		□	□		■	■
	22	問題に適した話し合いの内容・方法・相手等を決める(撰ぶ)。		A(1)オ	A(1)オ		□	□		■	■
	23	内容を選び、主旨を明確にして話す。	A(1)イ	A(1)イ	A(1)イ		□	□		■	■
	24	相手の話を引用しながら話す。	A(1)イ	A(1)イ	A(1)イ		□	□		■	■
	25	資料や事実に基づいて、具体的に話す。	A(1)イ	A(1)イ	A(1)イ	□	□	□	■	■	■
	26	メモを基にして話す。	A(1)イ	A(1)イ	A(1)イ		□	□		■	■
	27	相手の話の内容と自分の考えとの異同を確かめながら聞く。		A(1)エ	A(1)エ			□		■	■
	28	話し手の意図を推し量りながら聞く。			A(1)エ			□			■
	29	自分の考えと関連する点を探しながら話を聞く。		A(1)エ	A(1)エ					□	■
	30	主張されていることの根拠が妥当かどうか、信憑性があるかどうか考えながら聞く。			A(1)エ					□	■
	31	聞き手の反応をうかがいながら話す。			A(1)イ					□	■
	32	話し合いの流れを的確に把握し、臨機応変に話題を広げたり深めたりする発言をする。			A(1)オ					□	■
	33	話し合いの意義や成果をまとめて話す。		A(1)イ	A(1)イ		□	□		■	■
	34	相手の意見の不適切な点や、不備な点を指摘したり、補ったりしながら話し合う。			A(1)オ			□			■
	35	相手の反応を先取りした上で、自分の考えを話す。			A(1)イ			□			■
	36	相手に分かりやすい順序を工夫して話す。	A(1)イ	A(1)イ	A(1)イ			□			■
	37	昔話や神話・伝承などの読み聞かせを聞いたり、発表し合ったりする。	伝(1)ア(ア)			■	■	■	■	■	■

内容			学習指導要領との関連内容			1年	2年	3年	4年	5年	6年
			1・2年	3・4年	5・6年						
B 書く	必達規準	1 履修した漢字のほとんどを書く。(平仮名、片仮名も意識して)	伝(1)ウ(ア)(イ)(ウ)	伝(1)ウ(ア)(イ)(ウ)	伝(1)ウ(ア)(イ)	■	■	■	■	■	■
		2 主述が明確ですっきりした文を書く。	伝(1)イ(カ)					■	■	■	■
		3 原稿用紙を正しく使って文章を書く。	伝(1)イ(エ)(オ)	伝(1)イ(オ)		□	■	■	■	■	■
		4 読んだり、聞いたり、体験したりしたことの感想を、適切な長さで書く。	B(1)ウ	B(1)ウ	B(1)ウ	□	□	■	■	■	■
		5 読んだり、聞いたりした通りに正しく書き写す。	B(1)イ	B(1)イ	B(1)イ	□	□	■	■	■	■
	到達規準	6 誤字・脱字に注意し、形を整えて文字を書く。	伝(1)イ(エ)(オ)ウ(ア)(イ)(ウ)(2)(ア)(イ)	伝(1)イ(ウ)(エ)ウ(ア)(イ)(2)(ア)(イ)(ウ)	伝(1)イ(ウ)ウ(ア)(2)(ア)(イ)(ウ)	■	■	■	■	■	■
		7 書くための素材を、五感を働かせて日常の言語生活の中から見つける。	B(1)ア	B(1)ア	B(1)ア	□	■	■	■	■	■
		8 体験したり調べたりしたことの順序が分かるように書く。	B(1)イ	B(1)イ 伝(1)イ(ク)	B(1)イ	□	■	■	■	■	■
		9 読んだり聞いたりしたことについて、自分の考えをまとめて書くことにより、自分の問題意識を明確に文章にする。	B(1)イ	B(1)イウ	B(1)イウ		□	■	■	■	■
		10 体験したときの様子や、調べた内容が分かりやすく伝わるように、五感を働かせて詳しく書く。	B(1)アイ	B(1)アイ、伝(1)イ(オ)	B(1)アイ、言(1)イ(カ)		□	■	■	■	■
		11 調べたことから大事な箇所を引用して書く。	B(1)ア	B(1)ア	B(1)ア			■	■	■	■
		12 書くために必要な資料に見当をつけ、学習計画を立てたり見直したりする。	B(1)ア	B(1)ア	B(1)ア	□	□	□	■	■	■

	13	大事な事柄から順に、構成を工夫して書く。	B(1)イ	B(1)イ、伝(1)イ(ク)	B(1)イ、伝(1)イ(キ)	□	□	□	■	■	■
	14	図表や映像等によって自分の文章を補足しながら書く。			B(1)オ	□	□	□	□	□	■
	15	自分の文章を読み返したり、友達の文章を読んだりすることによって、自分の文章を見直す。	B(1)エ	B(1)オ	B(1)エ	□	□	■	■	■	■
	16	調べたことを要約して書く。		B(1)ア、C(1)エ	B(1)ア、C(1)ウ			□	■	■	■
	17	伝えたいことが分かるように、何かに例えたり、具体的事例を挙げたりして書く。	B(1)ア	B(1)アウ	B(1)アウオ	□	□	□	■	■	■
	18	事実と意見、原因と結果を明確にして論理的な文章を書く。	B(1)イウ	B(1)イウ	B(1)イウ			□	■	■	■
	19	数量や規模を明示したり、重要な言葉を引用したりしながら、説得力のある文章を書く。	B(1)アイ	B(1)アイ	B(1)アイエ			□	□	■	■
	20	自分や友達の学びの成果が、次の学習に生かされるように、視点を明確にした具体的なふり返りを書く。	B(1)エ	B(1)オ	B(1)オ			□	□	■	■
	21	自分の気持ちがよりよく伝わるように、適切な内容及び言葉(敬語・時候の挨拶など)を選んで手紙やメッセージを書く。	B(1)ア、伝(1)イ(キ)	B(1)アウエ、伝(1)イ(オ)	B(1)アウ、伝(1)イ(ク)				□	■	■
	22	自分の考えを伝えるのに最も適した語句や文種、表現技法を選択し、その特長を生かしながら書く。	B(1)ア	B(1)ア	B(1)ア、伝(1)イ(キ)				□	□	■

		内容	学習指導要領との関連内容			1年	2年	3年	4年	5年	6年
			1·2年	3·4年	5·6年						
C 読む	必達規準	1 スラスラと適切な速さと声量で音読する。	C(1)ア	C(1)ア	C(1)ア	■	■	■	■	■	■
		2 当該学年までの履修済みの漢字をすべて読む。	伝(1)ウ(イ)(ウ)	伝(1)ウ(イ)	伝(1)ウ(ア)	■	■	■	■	■	■
		3 書かれてある事柄の順序が分かる。	C(1)イ			■	■	■	■	■	■
		4 週に1冊は読書をする習慣を身に付ける。	C(1)カ	C(1)カ	C(1)カ	□	□	■	■	■	■
		5 言葉の意味を辞書で調べ、文脈に即して理解する。		C(1)ウ、伝(1)イ(オ)(カ)	C(1)エ、伝(1)イ(カ)	□	□	□	■	■	■
		6 文章中の言葉を根拠にしながら、人物の行動の様子やその意味を考えたり、気持ちを想像したりする。	C(1)ウ	C(1)ウ	C(1)ウ	□	□	□	□	■	■
	到達規準	7 物語に共感し、書かれていることの真偽や善悪、美醜、有用·無用の判断をしながら読む。	C(1)ウ	C(1)ウ	C(1)エ	■	■	■	■	■	■
		8 リズムや語感を楽しみながら詩や散文を音読する。	C(1)ア	C(1)ア	C(1)ア	■	■	■	■	■	■
		9 事柄や人物の設定(誰が·いつ·どこで·何をした)が分かる。	C(1)イ	C(1)イ	C(1)ウ	■	■	■	■	■	■
		10 句読点の打ち方の違いで文意が異なることが分かる。	C(1)ア、伝(1)イ(オ)	C(1)エ、伝(1)イ(エ)			■	■	■	■	■
		11 反復が強調している事柄の意味が分かる。	C(1)アウエ	C(1)アウ	C(1)エ	□	■	■	■	■	■
		12 書かれている事柄の違いを比較することで、その意味が分かる。	C(1)イ	C(1)エ	C(1)イウ		■	■	■	■	■
		13 説明されている事柄の位置関係や構造を、図示したりしながら正確に理解する。	C(1)イ	C(1)エ	C(1)ウ		■	■	■	■	■
		14 事柄の原因と結果の関係が分かる。	C(1)イ	C(1)イ	C(1)ウ		■	■	■	■	■
		15 話の筋や論理の展開が分かる。	C(1)イ、伝(1)イ(オ)	C(1)イ、伝(1)イ(キ)	C(1)ウ、伝(1)イ(キ)	□	■	■	■	■	■
		16 助詞や形容詞の違いで文意が異なることが分かる。	伝(1)イ(エ)	伝(1)イ(オ)(カ)	伝(1)イ(エ)(オ)(カ)	□	■	■	■	■	■

	17	身近な生活や自身の問題意識に基づいて選択する図書の分野を広げ、進んで読書しようとする。	C(1)カ	C(1)カ	C(1)カ	□	□	■	■	■	■
	18	漢字・ひらがな・カタカナなどの表記の違いによって、多義的になったり、意味が限定されたりすることに気付く。		伝(1)イ(オ)	伝(1)イ(エ)(オ)(カ)	□	□	■	■	■	■
	19	強弱や間の取り方、抑揚の付け方などに注意して、読み取ったことがよりよく伝わるように音読する。	C(1)ア	C(1)ア	C(1)ア	□	■	■	■	■	■
	20	比喩表現(直喩・隠喩・擬音語・擬人法等)によって強調されている意味・内容があることが分かる。	C(1)ウ	C(1)ウ	C(1)エ	□	■	■	■	■	■
	21	書かれていることの特殊性と一般性、具体性と抽象性の類別をして、文章の構造や内容を理解する。		C(1)イ	C(1)ウ	□	■	■	■	■	■
	22	題名や見いだしから、文章の要旨や主題を推察する。			伝(1)イ(カ)	□	□				
	23	文章構成を区分することによって、文章の要旨や主題を的確に捉える。		C(1)イ エ	C(1)ウ エ	□	■				
	24	物語のハイライト場面を見つけ、そこで起きている出来事から分かる強調点や変化の意味を考える。	C(1)ウ	C(1)ウ	C(1)エ	□	■		■	■	■
	25	人物描写の特徴から、その人物のものの見方や考え方の特徴や言動の変化の意味を考える。	C(1)ウ	C(1)ウ	C(1)エ	□	■		■	■	■
	26	書かれていることを基に問いをつくり、答えを仮定したり根拠となる言葉を探したりする。	C(1)イ ウ	C(1)イ ウ	C(1)ウ エ	□	□			■	■
	27	情景描写の特徴から、作品主題との関連や人物のものの見方や考え方のありようを考える。	C(1)ウ	C(1)ウ	C(1)エ	□	□			■	■
	28	筆者や作者、ジャンルなどの関連を意識して、読書の幅を広げ、進んで読書しようとする。	C(1)カ	C(1)カ	C(1)カ	□	□			■	■
	29	複数の読み物の内容から、共通点や違いを見つけながら読む。	C(1)カ	C(1)カ	C(1)イ	□	□			■	■
	30	図表や、写真等が、どのように文章を補っているか、その意義が分かる。		C(1)オ	C(1)イ	□	□			■	■

	31	筆者の主張の根拠が適切かどうか考えながら読む。			C(1)ウ			☐	■
	32	推論や解釈の妥当性を吟味しながら読む。		C(1)エ	C(1)ウ			☐	■
	33	使われている語彙・表現の多義性や象徴性を考える。		伝(1)イ(オ)(カ)	伝(1)イ(エ)(オ)(カ)			☐	■
	34	一つ一つの事件・出来事の関連性から見いだされる意味を考える。	C(1)ウ	C(1)ウ	C(1)エ			☐	■
	35	事実を説明している言葉の指し示す範囲に揺れがないかどうか考える。			C(1)イウ			☐	■
	36	結論と具体的事例の整合性を判断しながら読む。			C(1)イウ			☐	■
	37	ストーリーの展開に気を付け、描写の特徴や言葉の象徴性など、読み取ったことがより豊かに伝わるように朗読する。	C(1)ア	C(1)ア	C(1)ア			☐	■
	38	短歌・俳句について情景を思い浮かべたり、リズムを感じ取りながら音読や暗唱をしたりする。		伝(1)ア(ア)			■	■	■
	39	ことわざや慣用句、故事成語などの意味を知る。		伝(1)ア(イ)			■	■	■
	40	古文・漢文などの内容の大体を知り、音読する。			伝(1)ア(ア)			■	■
	41	古典の解釈文を読み、昔の人のものの見方や感じ方を知る。			伝(1)ア(イ)			■	■

執筆者および編集委員

執筆者

附属小学校
阿部　　昇
木谷　光男
熊谷　　尚
小室　真紀
湊　　弘一

秋田大学
阿部　　昇（教授、国語科教育学）
成田　雅樹（准教授、国語科教育学）

編集委員

阿部　　昇（委員長）
伊藤由美子
加賀谷英樹
木谷　光男（副委員長）
小室　真紀
髙橋　健一
湊　　弘一

秋田大学教育文化学部附属小学校
1874（明治7）年に太平学校附属小学校として創立。その後、秋田県尋常師範学校附属小学校、秋田大学秋田師範学校附属小学校、秋田大学教育学部附属小学校等を経て、現在に至る。
戦後は、石山脩平氏、務台理作氏、上原専禄氏、海後宗臣氏ほかを講師として、1951（昭和26）年から現在まで公開研究協議会を毎年開催している。校歌は、石森延男氏の作詞、下総皖一氏の作曲で1954（昭和29）年に作られた。第1章から第3章まであり、第3章の最後は「平和のはとを守るべし」で締めくくられている。現在、各学年3クラスで全18クラス。教員数は36名。
所在地は、秋田市保戸野原の町13-1

〈編集委員長〉
阿部　昇（あべ　のぼる）
秋田大学教育文化学部附属小学校校長、秋田大学教育文化学部教授。
専門は教科教育学（国語科教育学）、授業研究。日本教育方法学会常任理事、全国大学国語教育学会理事、秋田県検証改善委員会委員長。著書は『文章吟味力を鍛える―教科書・メディア・総合の吟味』（明治図書）『頭がいい子の生活習慣―なぜ秋田の学力は全国トップなのか』（ソフトバンククリエイティブ）他。

秋田大学教育文化学部附属小学校・授業改革への挑戦
―新学習指導要領を見通したあたらしい提案　国語編

2010年6月11日　初版第一刷発行

著　者　秋田大学教育文化学部附属小学校
発行者　斎　藤　草　子
発行所　一　莖　書　房
〒173-0001　東京都板橋区本町37-1
電話 03-3962-1354
FAX 03-3962-4310

組版／四月社　印刷・製本／モリモト印刷
ISBN978-4-87074-164-5 C3037

秋田大学教育文化学部附属小学校
授業改革への挑戦

新学習指導要領を見通したあたらしい提案

[校長・編集委員長　阿部　昇]（全4冊・A5判並製）

国語編　　　　　　　　　　　　　　　定価：本体2000円+税

1. 「吟味よみ」ですっきり解明！「動物の体」(増井光子)：5年生　　熊谷　尚
2. 新聞記事の秘密を解読する―水族館GAOのあざらし：5年生　　湊　弘一
3. 描写から読み深める「やまなし」(宮沢賢治)の世界：6年生　　小室　真紀
4. 「詩とことば」のおもしろさ―「春のうた」(草野心平)：4年生　　熊谷　尚

〈秋田大学教員による授業解説〉　　　　　　阿部　昇／成田　雅樹

社会科編　　　　　　　　　　　　　　定価：本体1800円+税

1. 子どもたちの地域を見る目を育てる―秋田市：3年生　　加賀谷英樹
2. 自分自身を見つめる歴史学習―頼朝・時宗・義満・義政：6年生　　津島　穣
3. 食の安全や食料生産の在り方へのアプローチ：5年生　　津島　穣

〈秋田大学教員による授業解説〉　　　　　　井門　正美／外池　智

算数・理科編　　　　　　　　　　　　定価：本体2000円+税

1. 数学的表現をもとに数学的思考力を深める―小数：4年生　　稲岡　寛
2. 問う心がわき起こる算数の授業―体積：6年生　　伊藤由美子
3. 量と感覚を大事にする算数の授業―単位量当たり：6年生　　伊藤由美子
4. 実感を伴った理解を促す―体が動く仕組み：4年生　　髙橋　健一
5. 問題解決の楽しさと学びの価値を実感―物の溶け方：5年生　　武石　康隆

〈秋田大学教員による授業解説〉　　　　　　杜　威／藤田　静作

音楽・図工・体育編　　　　　　　　　定価：本体2000円+税

1. 歌でえがこうジブリの世界―「天空の城ラピュタ」：6年生　　佐々木裕子
2. 子どもが広げていく図画工作―おめんでへんしん：2年生　　進藤　亨
3. 「動きかたのカン」を養う―ハンドボール：3年生　　木谷　光男

〈秋田大学教員による授業解説〉　　佐川　馨／長瀬　達也／佐藤　靖

一莖書房　〒173-0001 東京都板橋区本町37-1
TEL:03-3962-1354　FAX:03-3962-4310